현대인의
심리유희

현대인의
심리유희

초판 1쇄 인쇄 _ 2021년 7월 10일
초판 1쇄 발행 _ 2021년 7월 15일

지은이 _ 김민경

펴낸곳 _ 바이북스
펴낸이 _ 윤옥초
책임 편집 _ 김태윤
책임 디자인 _ 이민영

ISBN _ 979-11-5877-245-1 03180

등록 _ 2005. 7. 12 | 제 313-2005-000148호

서울시 영등포구 선유로49길 23 아이에스비즈타워2차 1005호
편집 02)333-0812 | **마케팅** 02)333-9918 | **팩스** 02)333-9960
이메일 postmaster@bybooks.co.kr
홈페이지 www.bybooks.co.kr

책값은 뒤표지에 있습니다.
책으로 아름다운 세상을 만듭니다. — 바이북스

미래를 함께 꿈꿀 작가님의 참신한 아이디어나 원고를 기다립니다.
이메일로 접수한 원고는 검토 후 연락드리겠습니다.

다양한 주제를 통한 60초 심리분석

현대인의 심리유희

김민경 지음

바이북스
ByBooks

들어가는 글

평소에 힘 좀 빼고, 살자고요!

몇 년 전, 우연한 기회로 매주 아침 라디오 방송에 출연할 때였습니다. 청취자들의 출근길에 삶에 대한 긍정적 메시지를 전하거나, 정신건강에 대한 사연들을 주로 설명하게 되었는데, 저는 나름 열심히 원고를 준비하고 방송 시작 전까지 몇 번을 읽어보면서 방송이 잘 진행될 수 있도록 애를 썼습니다.

지금 생각해보면 무슨 큰 시험 준비를 하거나, 학교 논문을 쓸 때처럼 아주 열심히 방송을 준비했던 거 같습니다. 그러던 어느 날. 방송이 끝나고 조금 뒤, 제가 출연한 프로그램 피디한테서 전화가 왔습니다.

"선생님, 오늘 방송도 수고하셨어요. 그런데 방송 내용이 고등학교를 졸업한 정도의 사람이면 누구나 이해할 수 있

는…….”

그 피디의 말을 다 듣기도 전에 저는, '아, 내 원고 내용이 너무나 뻔했구나! 너무 쉬워서 전문성이 없다는 말씀을 하시나 보다!' 이렇게 지레짐작했습니다. 그런데 예상과 달리 피디의 마지막 말은,

"고등학교를 졸업한 정도의 사람이라면 누구나 이해할 수 있을 정도로 좀 더 쉽게 부탁드립니다"라고 말하는 것이 아닌가요!

그때 저는 망치로 머리를 한 대 얻어맞은 것 같았습니다. 한마디로 선수에게 '힘 좀 빼고 쉽게 방송 해달라!'는 감독의 주문이었던 것이죠.

그 후로는 전문가들끼리의 토론을 제외하고, 방송이나, 대중 강연, 병원 직원 강의 등의 모든 말과 글에서 저는 거추장스러운 힘을 빼려고 노력했습니다. '내가 잘 아는 것과, 그것을 상대가 이해하기 쉽고 재미있게 전달하는 것은 또 다른 것이구나!' 하는 큰 깨달음과 함께요.

이 책에서 소개하고자 하는 각종 심리 용어나 관련 이론들

은 이미 정신의학이나 심리학 책자 등에 소개가 되어 있고, 사례가 많은 연구임을 미리 밝힙니다. 우리가 익히 알고 있는 또는 한 번쯤은 들어봄직한 심리 용어들이 현대인들의 삶 속에서 어떻게 적용되고 있는지, 독자 여러분과 제가 같이 생각해 보는 자리를 이 책을 통해 한번 마련해보고자 했습니다.

저는 보통 우리 삶의 여정을 배를 타고 먼 바다를 항해하는 것으로 많이 표현합니다. 상담 중, 현재의 어려운 상황을 출렁거리는 파도를 만났을 때라든지, 폭우가 갑자기 쏟아질 때라고 비유를 하면 내담자분들이 더 이해가 빠르기 때문입니다.

우리가 항해를 잘하려면 튼튼한 배와 그것을 잘 움직이는 선원들, 그리고 구명 튜브 등 각종 필요한 도구들이 구비되어 있어야 합니다. 물론 항해에 대한 전문가의 자세한 가르침도 필수겠지요. 이 책에서 소개하는 몇 가지 심리 이론과 좀 더 쉽게 풀어본 저의 해설들이, 여러분들의 인생 항해에서 희망하는 목적지에 도착할 때까지의 작은 이정표가 되었으면 합니다.

차례

1부

사람의 기억을 믿을 수 있나요?

2부

[illegible] 선택의 기로에 선다

3부

내로남불이 판치는 세상

4부

가까울수록 마음을 알기가 어렵다

5부

나도 나를 잘 모른다

사람의 **기억**을 믿을 수 있나요?

1

인지부조화

그래! 인정한다. 내가 실수했다.
정말 잘못했다.

어떤 여우가 배가 고픈 나머지 주변의 먹을 것을 찾으러 이리저리 돌아다니다가 우연히 포도밭을 발견하게 되었습니다.

'우와~ 포도밭이다. 어? 줄기에 달린 포도들을 보아하니 씨도 없으면서 엄청나게 달고 맛있다는 바로 그 청포도 아냐? 이야~ 탱글탱글하고 싱싱하게 달려 있는 저 포도들 보소?'

여우는 눈에 하트 모양이 그려지며, 벌써 입에서 군침이 흘

러나오기 시작했습니다.

'음……. 주변에 울타리가 없는 걸 보니 주인이 없는 포도밭이군. 그렇다면 오랜만에 달콤한 포도들이나 배가 터지도록 따 먹어볼까?'

여우는 한걸음에 포도밭으로 달려가서 포도를 따먹으려고 점프를 했습니다. 하지만 며칠을 굶어 지낸 여우가 생각보다 다리 힘을 낼 수가 없었고, 줄기에 달린 포도 또한 생각보다 높은 곳에 매달려 있어 입안에다 포도를 물 수가 없었습니다.

여우는 계속된 점프로 힘이 들었지만, 오기가 생겨 몇 번이고 포도를 먹기 위해 계속 노력을 했습니다. 하지만 여우는 간발의 차이로 줄기에 달린 포도를 끝내 따 먹을 수 없었습니다.

'에이~ 예전 같으면 공중으로 마음껏 점프를 해서 하나도

남김없이 포도를 다 따먹었을 텐데……. 나도 이제 나이가 들었나? 간만에 점프를 좀 심하게 했더니, 어이구 허리야! 관절도 쿡, 쿡, 쑤시네?'

여우는 점프를 하다 그만 지친 나머지, 고개를 절레절레 흔들며 포도를 포기하고는 축 처진 얼굴로 포도밭을 걸어 나왔습니다. 그래도 여우는 미련이 남는지 걸어 나오면서도 방금 전의 포도밭을 계속 뒤돌아보았습니다.

'바보같이……. 이제 미련을 버려야지. 가만 있자! 저 포도들을 다시 찬찬히 보니까 알맹이가 그리 싱싱하지 않은 것 같네? 분명 엄청나게 시고, 씨도 많은 포도일 거야! 휴~ 포도 따먹으려고 힘들게 고생만 하고 괜히 입맛만 버릴 뻔했네. 대체 저런 포도밭을 경작하는 농부는 과연 어떤 사람일까? 쯧쯧쯧.'

여우는 방금 전까지 마음속에 있던 포도밭에 대한 미련을 완전히 버리고 다른 장소의 먹이를 찾아 폴짝 뛰어가버렸습니다.

위 이야기는 '인지부조화'라는 주제에 맞게 기존의《이솝우화》를 각색한 내용입니다만, 실제로도《이솝우화》에 나오는

〈여우와 포도〉 이야기는 인지부조화 이론의 대표적인 '예시'로 대중들에게 알려져 있습니다.

요즘 대중매체 등에서 심심치 않게 나오는 용어인 '인지부조화'의 뜻은 말 그대로 '내가 받아들인 것이 실제 사실과 조화롭지가 않다'는 것입니다. 이렇게 조화롭지 않은 차이가 생기면 사람들은 보통 현실이나 자기가 기존에 받아들였던 것들을 쉽게 부정하게 됩니다. 쉽게 말해 이미 발생한 현실 앞에서 자신의 '잘못'을 고치기보다는, 자신의 '생각'을 고치는 것이지요.

우리가 인생을 살면서 결정을 하는 여러 가지 일 중에는 습관처럼 자동적으로 하는 일과, 비교적 생각을 많이 해야 하는 일들, 보통 이렇게 두 가지로 나뉘는데요, 아침 출근할 때 '어떤 길로 운전할까? 오늘 라디오를 뭘 들을까?' 하는 일련의 행동들이 습관처럼 자동으로 이루어집니다.

사실, 정확하게 이야기하면 매번 고민하고 생각하는 것 자체가 너무나 피곤한 일이라 우리의 뇌가 스스로 어떤 자동법칙을 만들기 때문입니다. 그래서 우리는 아침에 큰 노력을 기울이지 않고 습관처럼 운전을 하며 라디오의 볼륨을 높이게

되는 겁니다.

이런 작용들은 우리의 뇌가 어떻게 발달해왔나를 살펴보면 비교적 쉽게 이해할 수 있습니다. 아주 오래전 사냥을 하며 살던 시대에, 주변에서 나뭇잎이 바스락거리는 소리가 들리면 사자가 나타났습니다. 그러면 사람들은 바스락거리는 소리만으로도 무조건 그 장소를 피하고 봅니다. 그것이 자기에게 안전하기 때문인데요, '바스락 하는 소리는 바로 사자다' 뭐, 이런 공식이 뇌에 들어가게 되는 거죠.

우리는 이렇게 인생을 살아가면서 아주 감정적이거나 습관에 따라 행동하는 게 생각보다 정말 많습니다. 나도 모르게 나에게 습관이 붙어 있고 그에 따라 크고 작은 결정들을 하게 되는 것이죠.

그러면 '인지부조화'이론을 앞에 두고 '나는 맞고, 너는 틀리다'라는 명제를 놓고 볼 때, 과연 우리는 현대사회에서 항상 좋은 결정만을 내리면서 인생을 살아갈 수 있을까요?

인간이면 누구든지 '내가 실수했다. 내가 실패했다는 걸 인정한다'라고 하고 싶지 않은 이유가 있는데 어떤 중대한 결정

을 내린 후, 실패한 경험이 자신에게 너무나 큰 상처가 되기 때문입니다.

우리는 인생을 살아가면서 매일매일 각양각색의 평가를 받습니다. 학교에서는 성적으로, 직장에서는 실적으로, 집값으로, 연봉으로……. 그러한 평가에서 자유롭지 못하고, 내 결정으로 인해 좋지 않은 결과가 생겼다고 '쿨'하게 받아들이기엔 우리에게 좌절이 너무나 일상적인 일이 돼버렸습니다.

이야기 속의 여우처럼 '그래, 저 포도는 분명 엄청 시고, 맛이 없을 거야, 보나 마나 뻔해!' 이렇게 위안을 삼는 것이 오히려 내 마음이 더 편해지는 세상입니다. 내 능력이 모자라서, 더 높이 뛰지 못해서, 포도를 결국 못 먹는다고 생각을 하면 내 마음이 얼마나 쓰라리겠어요?

여기서 한 발 더 나아가 '시고 맛없는 포도나무를 여기다 심어두고 관리하지 않는 농부가 누구야? 정말 멍청한 사람이네' 하고 왠지 남 탓을 하고 싶어집니다. 내 능력이 부족한 것을 있는 그대로 받아들이기가 너무 힘들기 때문입니다.

그런데 그것이 누군가의 잘못으로 낙인 찍어버리면, 눈에

보이는 표적이 생겨서 그곳에 항의를 하면 됩니다. 이 얼마나 손쉬운 화풀이인가요? 우리는 그런 상황을 요즘 세상에서 자주 목격합니다. 세상이 각박하고, 코로나19 같은 전염병이라는 내가 감당하기 힘든 상황들이 자꾸 생기면, 우리의 마음은 갈피를 잡지 못하고 이리저리 흔들흔들거리게 됩니다.

내가 부족해서, 적절할 때 현명하게 결정하지 못해서 생겨버린 많은 일들이 내가 지금 땅에 발을 딛고 있다고 느끼지 못할 정도로, 어느 순간인가 내 마음이 매우 불안하게 됩니다.

극도로 두근거리고 불안한 마음이 올라올 때, 우리는 책임을 어디론가로 돌릴 수 있는 눈에 보이는 적이 필요합니다. 마음이 힘들어지면 오해가 쉽게 생기고, 누군가의 실수가 우리의 눈에는 큼지막하게 보이게 됩니다.

'아 그렇구나! 그래, 이 사람 때문에 내가 이렇게 힘들어진 거야, 드디어 답을 찾았어!'

오롯이 나만의 시야에 기초한 말이나 글로 누군가가 세상 나쁜 사람으로 회자되기 시작합니다. 그렇게 그 '말'은 쉽게 재생산되고, 나도 모르게 우리 사회 속에 엄청난 속도로 퍼져나가게 됩니다.

이젠 그 어떤 진실도 중요하지가 않고, 정답이 어디에 있는지 그 누구도 잘 가늠하지 못하게 될 때, 남는 것은 너덜너덜해진 누군가의 허울뿐인 평판이고, 오직 누군가를 '적'으로 만들고 나서 편안해진 내 마음뿐입니다.

결국, 따먹기 위해 열심히 노력했던 포도에 대한 미련을 금방 잊어버리고, 다른 먹이를 찾아 유유히 떠나는 《이솝우화》 속의 여우처럼 말이죠!

2

관찰의 또 다른 이름, 관음

얼마 전 상담실에서 "이번 주는 어떻게 시간을 보내시냐?"라는 저의 질문에 A는 심드렁하게 답합니다.

"유튜브 몇 시간쯤 계속 보다가, 채팅창에서 대화 주고받고 했어요. 뭐, 매일매일이 비슷하네요!"

최근 저에게 이렇게 답하는 분들이 꽤 늘었습니다. "왜? 이렇게 오랜 시간 동영상을 시청하느냐?"는 질문에는 "대리 만족인 거 같아요, 다른 사람의 일상을 보고 있으면, 마음이 안정도

되고 실제 사람을 만나지 않아도 내가 연결되어 있구나 하는 느낌도 받아서 좋아요"라는 답들이 뒤따릅니다.

현실세계에서는 대화를 하다 마음이 상한다고 '차단'하거나 '재생중단' 버튼을 누를 수 없습니다. 그 시간을 오롯이 혼자 견뎌야 하고 관계를 천천히 마무리해야 합니다. 지금, 현실의 관계에 익숙하지 않고 상처받기 싫어하는 사람들의 마음을, 자극적인 각종 동영상들이 인질로 사로잡고 있는 중입니다.

그렇다면 왜? 화면을 보면 볼수록 기분이 즐겁지가 않고, 계속 허전한 마음만 드는 걸까요?

브라운관 화면의 재미있는 영화나 예능 프로그램들을 보면

서, 우리는 눈물을 흘리며 감동을 받기도 하고, 혼자 낄낄거리며 시간을 때우기도 합니다. 그렇지만 일방적으로 감상을 하면서 내 마음을 위로받았다고 하지는 않습니다.

내가 내 마음을 위로받았다고 느끼려면, 내 말과 감정을 들어주는 내 앞에 앉아 있는 혹은 들어주는 누군가가 반드시 필요합니다. 바로 내 눈을 바라보며, 내 목소리에 귀를 기울이고, 호기심을 가져주는 상대의 태도 말입니다. 이것을 심리학적 용어로 '공감적 조율'이라고 일컫는데, 말하는 사람과 듣는 사람의 감정이 잘 전달이 되면 뇌파가 서로 비슷해진다는 연구 결과가 있고, 이것은 주로 인간의 우뇌에서 담당한다고 알려져 있습니다.

그렇다면 우리는 누군가를 어느 정도 이해하는 데 얼마의 시간이 필요할까요? 혹은 상대방에게 이해받고 있음을, 존중받고 있음을 느끼게 하려면 얼마의 시간이 필요할까요?

우리는 흔히 우리가 이해하는 시간만을 고려합니다. 내가 이해가 되고 내가 수긍이 되는 데 필요한 시간은 잘 헤아리고 고려하지만, 그 반대의 경우는 대부분 놓치는 경우가 많습니다.

상대방에게 내가 이해했다고 느끼게끔 하려면 때론 충분한 시간이 필요합니다. 시간을 충분히 들이지 않고 "그래 알겠어!" "응. 충분히 이해했어!"라는 말을 하게 되면 "이제 그만 대화를 끝내죠. 나도 지쳤거든요! 다 이해했으니까, 그만 얘기하라고!"라는 의미로 오해되기 십상입니다.

이해받지 못했다고 느끼는데 상대는 이해했다고 말해버리면 그것은 나에게 또 하나의 안 좋은 기억으로 남을 수가 있습니다.

사실 누군가의 말을 들을 때의 태도가 굉장히 중요합니다. 의자에 뒤로 기대 앉아 팔짱을 끼고 있거나 다리를 꼬고 있는 태도는 전형적으로 방어적인 모습으로 비춰지기 쉽습니다. '상대의 말에 관심이 생기면 본능적으로 몸이 다가간다.' 우리 모두 그런 경험이 한 번씩 있을 것입니다.

남의 말을 듣고 이해하려는 데는 나의 엄청난 노력과 에너지가 듭니다. 절대 저절로 되는 것 아닙니다. 한번 몸을 상대에게 가까이 하고, 똑바로 앉아서, 고개를 끄덕이며, 5분 동안만 상대의 말을 집중하고 들어보세요. 아마, "이해했어. 다 알아!"

이런 말보다는 대화가 훨씬 효과적으로 마무리될 것입니다.

상대방이 상처에 대해 아픔에 대해 용기내서 말을 꺼냈는데 성급하게 “알았어!”라고 대답해버리거나, “아니 그건 그게 아니고, 이유가 따로 있었어!”라고 하며 방어적으로 나올 경우, 대화는 상대방과 벽이 쳐진 것처럼 곧장 흐름이 가로막히게 됩니다. 이에 상대방 역시 나에게 역공을 펼치게 되는 것입니다.

결국, 상대방도 내 말을 듣지 않게 되고 대화는 흡사 전투와 비슷해집니다. 서로 방어만 하고 안 좋은 말만을 쏟아내다가 대화가 어정쩡하게 끝나게 됩니다. 서로가 마음을 열고 다가가는 것은 각자가 안정된 상태에서만 가능한 행동입니다. 제법 피로한 상태에 있거나, 우울하거나, 불안하거나, 몸이 아픈 상태라면 스스로의 마음을 추스르기 힘들기 때문에 남의 마음을 고려하는 것이 훨씬 더 힘들어집니다.

그렇기 때문에 진심으로 좋아하는 사람의 이야기를 집중하여 듣다가 보면 내가 마치 그 사람이 된 것처럼 같이 즐겁고, 때로는 눈물이 나는 경험을 누구나 해보았을 것입니다.

그리고 내 말 또한 누군가가 잘 들어줬으면 좋겠다고 생각

한번 몸을 상대에게 가까이 하고,
똑바로 앉아서, 고개를 끄덕이며,
5분 동안만 상대의 말을 집중하고 들어보세요.

합니다만, 문제는 바로 여기에 있습니다. 우리는 학교에서도, 직장에서도 혹은 집에서까지 너무나 바쁘고 각박하게 살아가기 때문에, 가족들끼리조차도 따뜻한 관심을 가지고 대화를 나누기보다 당장에 시급한 금전 문제, 교육, 주거 등의 건조한 주제들로 날선 대화를 퍼붓다가 서로 상처만을 받습니다.

모두가 각자의 시선으로만 보면 아무도 틀린 사람, 잘못된 사람이 없습니다. 우리는 인간이기에 모두가 잘 살고 싶고, 행복하고 싶고, 성공하고 싶습니다. 그런데 그 와중에 어떻게 상대를 위로해야 하는지 그 방법은 도통 모르겠다고 합니다. 누구든 제대로 가르쳐주는 사람이 없었기 때문이죠.

'사바나 이론'이라는 인간의 원초적 모델이 있습니다. 그 옛날 수렵채집 사회에서는 울창한 사바나 초원에 숨어 맹수들의 공격을 피할 수도 있고 또 나무 밑에서 편안히 쉬거나, 위에 올라가서 맹수들이 다가오는지 관찰할 수 있는 곳을 선호했을 것이라는 이론입니다.

이 이론대로라면 우리 몸속의 DNA에는 상대를 관찰하는 본능이 애초에 새겨져 있었을지도 모릅니다. 처음부터 서로의

마음을 위로하는 방법을 모르기 때문에 우리는 TV 속의 사바나 초원에 점점 빠져듭니다.

TV 속 관찰 예능에는 정말 다양한 가정이 있고, 서로 싸우는 부부가 있으며, 말을 잘 안 듣는 아이들이 있습니다. '다들 저렇게 다투는 걸 보니 나만 특별한 게 아니구나, 아~ 저런 건 정말 조심해야겠다' 하면서 내 스스로 위안을 받게 됩니다.

그렇지만 맹수가 올지 몰라 불안해하며 나무 위로 올라가 초원을 관찰했던 원시 채집인들같이, 이제 우리는 내 곁의 가족이나, 주위사람들에게서 위안을 받는 방법을 서로 몰라서, 단순히 리얼리티로 포장된 TV 속의 관찰 예능만을 계속 바라보고 싶어 하는 것은 아닐까요?

본의 아니게 다른 사람들의 생활 모습을 흐뭇하게 바라보며 만족감을 얻고 있는 현대인들의 모습이, 내 곁의 가족이나, 주위사람들에게서 점점 멀어지게 되는 악순환이 되는 것은 또 아닐까요?

3

각인 - 트라우마

얼어붙은 기억들을 지우는 방법

달콤한 선율이 흐르는 어느 파티장에서 신경 써서 멋을 부린 남녀가 춤을 추고 있습니다. 남자가 다정하게 속삭입니다.

“이 곡 생각나? 우리가 처음 만나서 데이트할 때도 바로 이 곡이 흐르고 있었어.”

여자는 고개를 갸우뚱하며 대답합니다.

“아 그랬나? 난 기억이 안 나네.”

남자의 눈빛은 실망으로 가득 찹니다.

"어떻게 그 순간을 기억 못할 수 있어?"

남자는 절망한 나머지, 이별을 통보하며 여자를 남겨두고 홀로 가버립니다. 인기리에 방영된 미국 드라마 〈굿 닥터〉의 한 장면입니다.

그렇게 중요한 순간을 기억 못하다니, 과연 여자는 남자를 사랑하지 않았던 걸까요? 아니면 남자가 너무 예민했던 걸까요? 이런 상상을 하면서 드라마에 몰입하게 되죠. 그런데 드라마보다 더 드라마틱한 일들이 우리 현실에서도 자주 일어납니다. 제게 상담을 하러 오시는 많은 분들에게서 비슷한 플롯의 드라마 이야기를 자주 듣습니다.

"제가 출산하는 그 순간에 남편은 바쁘다며 일하러 가버렸

각인(刻印)

어떤 인상에 대해 마음속에 깊이 새겨지는 일련의 기억

트라우마(trauma)

과거 경험이나 공포를 겪었을 때, 그때의 감정을 떠올리며 정신, 심리적으로 불시 불안감을 느끼는 것

어요. 그 순간을 잊을 수가 없어요!"

"제가 정말 속상해 있었는데 그 순간에도 엄마는 저를 본 체도 안 하고 동생만 예뻐했어요!"

누군가에게 강렬하게 남아 있는 기억들은 감정이라는 옷을 입고서 마치 고장 난 라디오처럼, 우리 머릿속에서 무한 반복해서 재생됩니다. 누군가와 다투거나 혹은 너무 상처가 되고 속상한 말을 들었을 때 밤에 자려고 누웠지만 그 순간이 자꾸만 머릿속에 떠올라 잠을 설쳤던 기억들이 다들 한 번씩은 있으실 겁니다.

우리 마음속에서 컬러 사진처럼 생생하게 떠오르는 기억, 마음 깊은 곳에서 불쑥 떠오르는 기억들은 공포스럽거나 불쾌한 기억들인 경우가 많은데요. 우리에게 행복하고 달달하게 남아 있는 좋은 기억들은 '아 그래, 그때 참 행복했었지'로 남아 있긴 하지만 빛바랜 흑백사진과 같이 그 생생함은 덜합니다. 그 생생함을 다시 찾기 위해 우리는 행복했던 여행지를 다시 찾기도 하고 그 순간을 더 오래오래 기억하기 위해 사진이나 동영상 등으로 기록을 남기기도 하죠!

그런데 나쁜 기억들은 때로는 수년 전 일이 마치 어제 일어

났던 일처럼 생생하게 떠오릅니다. 그 이유는 우리 뇌에서 일어나는 기억의 방식에 있습니다. 화가 나서 흥분되고 공포스러운 순간에는 우리 몸에서 '지금은 위험한 순간이야. 빨리 도망가야 해!'라는 신호를 보내면서 스트레스 호르몬들이 마구 분출이 되는데요, 이 호르몬들은 그 순간의 기억을 더 강화시켜 주는 역할을 합니다. 위험하고 긴장해야 하는 순간이라는 것을 우리 몸이 기억해야 살아남는 데 도움이 되니까, 우리 몸이 그렇게 진화한 것일 수 있습니다.

그런데 그 기억이 너무나 강했을 때 우리는 고통을 겪게 되는데요. 나쁜 기억, 즉 트라우마가 되는 기억들이 자꾸만 반복이 되고, 악몽을 꾸는 외상 후 스트레스 장애PTSD가 나타날 수도 있습니다. 이 분야의 유명한 전문가인 베셀 반 데어 콜크Bessel van der Kolk도 "강렬한 트라우마 기억은 생생하게 우리 마음속에 남아 있다"라고 말하기도 했습니다.

사람들에게 상처받은 기억, 내가 의지하고 필요로 하는 사람에게 거절받은 순간들은 누구에게도 고통을 안겨주는데요, 다들 빨리 잊고 털어버리고 싶어 합니다. 그런데 그럴수록 머

릿속에서 또렷이 떠올라서 괴로운데요, 최근의 연구들에서는 고통스럽고 강렬한 느낌, 감정들이 자는 동안에는 좀 누그러진다고 합니다. 수면의학의 대가이자 작가인 매슈 워커Matthew Walker는 연구를 통해 잠자는 동안 감정이라는 옷을 벗고 건조한 기억만 남게 되는 과정이 일어난다고 밝혔습니다.

그런데 보통 고통스런 감정으로 괴로운 경우, 우리는 불안하거나 우울한 감정과 함께 잠을 못 이루기도 하는데요, 그럴 때마다 고통스런 감정을 떨쳐버릴 기회를 놓치게 되는 겁니다. 이처럼 불면증에 시달리게 되면 괴로움, 고통스런 감정들이 잠들면서 충분히 소화되지 않아, 계속 우리 머릿속에 남게 되고, 그렇게 되면 평소에는 무난히 넘어갈 만한 일들도 예민하게 받아들이게 되는 것이죠.

처음에 소개드렸던 파티장에서 느닷없이 이별을 하게 된 커플은 바쁜 일상을 살아가는 외과 전공의들입니다. 남자는 분명 전날 잠을 잘 자지 못했을 것이고, 평소 연인에게 서운했던 감정들이 길게 꼬리를 드리운 채 남자를 계속 괴롭혔을지도 모릅니다. 저는 드라마를 보다가 안타까운 나머지, 남자주인공

에게 다시 한 번 그의 상태를 묻고 싶어졌습니다.

"혹시, 어제 잠을 잘 못 주무셨나요?"

4

피크-엔드 효과

내 인생의 가장 멋진 순간!

어릴 때 제가 다니던 유치원은, 약간 경사진 나무와 풀숲이 우거진 길을 따라가게 되어 있었습니다. 큰길 사이 마치 엄청 나게 큰 궁전까지 가는 길이라고 어린 저는 기억했던 것이죠. 그런데 훌쩍 자라 청소년이 되어 다시 가본 길은 너무나 평범하고 좁은 길에다, 작고 초라한 유치원 건물에 큰 실망을 하게 되었습니다. 그때 '아, 그래. 나는 그 사이 내 키가 두 배 자라고, 보는 시야 또한 많이 넓어졌어'라고 스스로 인식할 수 있었

을까요?

기억은 그 사람의 시야, 생각에 얽매일 수밖에 없습니다. 피크-엔드 효과라는 게 있는데요. 어떤 사건에 대해 기억할 때 나에게 가장 클라이맥스 했던 부분과 마지막 기억의 평균 정도로 기억하게 된다는 것입니다.

사람과 같이 화려한 컬러로 세상을 보는 동물들이 많지 않은데요, '놀라운 시각으로 우리는 그 사실을 정말 분명히 똑똑히 기억하고 있어!'라고 생각하지만 사실 우리는 각자 딱 자신의 위치에서만 상황을 보고 기억하게 됩니다.

심리학자이며 경제학자인 대니얼 카너먼 은 경험하는 자아, 기억하는 자아라는 개념을 주장했습니다. 우리의 뇌는 순간순간을 경험하지만 그것을 모두 뇌에 담아두지

피크-엔드 효과

않으며, 모두 담아두기에는 너무 비효율적이기 때문인데, 적절히 망각하지 못하고 모든 것을 기억하는 사람들에게는 오히려 아주 고통스럽다고 합니다.

과연 경험하는 순간은 매우 고통스럽지만 지나고 나면 좋은 추억 소중한 경험으로 남게 되는 것은 어떤 것일까요? 아마도 출산의 순간이 아닐까 합니다. 그 순간은 너무 고통스럽지만 아이가 건강하게 잘 자랄 때 그 순간은 행복한 기억으로 남게 되기 마련이고, 아이가 안타깝게도 잘못되었거나 출산 시의 어려움이 있었다면 그 순간은 떠올리기 싫은 기억으로 남기도 하는 것입니다.

우리는 기억을 세분화해서 어떤 이벤트의 처음과 끝의 하이라이트를 주로 기억에 남기게 됩니다. 그렇게 차곡차곡 우리 머릿속에 구획을 만드는 것인데 그런 점에서 여행은 우리의 삶을 새롭게 바라보는데 아주 좋은 도구입니다. 짧게는 당일, 길게는 수년으로 계획되는데 인생이란 어차피 하나의 여행이 아닐까요? 여행 일정은 그 시작과 여행 중의 하이라이트 끝이 존재합니다. 어쩌면 우리들 인생의 축소판이라고 볼 수도 있습

니다.

새로운 여정을 준비하고 경험하고 마무리하는 기억들은 우리 뇌에 새롭게 새겨지는데, 그래서 저는 매번 새로운 곳을 여행하는 것을 좋아합니다. 저는 주로 이동수단과 숙소 등만 정하고 구체적 일정은 가는 중에 구상하거나, 도착해서 그때의 즉흥에 맡기는 편인데요, 우리의 삶이 미리 계획되고 예측되고 예측대로 진행되어야 하고 그런 긴장의 연속인데 여행까지 그럴 필요는 없지 않을까요? 평소의 강박에서 벗어나서 불쑥 떠난 여행에서 우리는 새로운 삶의 원동력을 찾아보기도 합니다.

우리가 여행을 다녀왔을 때를 곰곰이 떠올려보면 마지막을 좋게 마무리하면 그 여행은 우리 뇌에 행복했던 여행으로 남게 됩니다. 이런 법칙을 여행사들은 아주 잘 활용하고 있는 것 같습니다. 패키지여행에서 흔히 가장 마지막 여정에 제일 좋은 숙소, 맛있고 풍성한 식사로 마무리하게 하지 않는가요? 아무리 고생해도 여행 마지막이 좋다면 전체적인 평가가 자연스레 좋은 것이 되는 것입니다.

우리는 길고 지난한 인생이라는 여정에서 시작과 끝이 있

는 하루를 반복하고 일주일을 반복하고 한 달을 반복합니다. 어린이나 학생들은 워낙 성장도 빠르고 그때의 학교 과제가 워낙 처음과 끝이 명확하다 보니 경험이 훨씬 풍부한 것으로 인식이 됩니다.

반면, 성인이 되면 언제부터인가 동력을 잃고 어제와 비슷한 오늘, 오늘과 비슷한 내일을 살면서 경험하는 뇌가 비슷비슷하게 느끼게 되는 것입니다. 꼭 멀리 가지 않아도 괜찮습니다. 스스로를 찾는 우리의 경험을 좀 풍부하게 할 수 있는 새로운 장소로의 여행을 떠올려보면 어떨까요? 늘 바라보던 공간 외의 새로운 공간은 우리에게 신선한 자극과 아이디어를 충분히 줄 수 있습니다.

가급적이면 자연 풍경을 바라볼 수 있는 곳, 혹은 새가 지저귀는 소리, 잔잔한 음악이 흐르는 공간이면 좋겠습니다. 심리학자인 피터 레빈Peter A. Levine의 연구에 의하면 저주파 소리에 해당하는 자동차 소음, 기계 소리, 빌딩 승강기 소음 같은 도시 공간에서의 크고 작은 소리들이 우리 몸을 많이 긴장시킨다고 합니다.

그런 곳에서는 우리 뇌를 충분히 쉴 수 없으니 말입니다. 집 근처 가까운 공원에라도 돗자리를 깔고 누워서 새소리에 한번 귀를 기울여보세요! 때로는 복잡한 사회로부터의 도피가 우리에게 위기 상황에서 더 큰 묘책과 지혜를 전해줄지도 모르기 때문입니다.

확증 편향

나는 보고 싶은 것만 보고
믿고 싶은 것만 믿는다

얼마 전, 상담을 다녀가신 M씨는 분통을 터트립니다.

"제가 그때는 왜 그걸 몰랐을까요? 잘못 결정했다는 생각에 밤에 잠도 안 오고 너무 괴롭습니다. 제가 그때는 눈이 멀었던 거 같아요……."

M씨는 작년에 작은 상가주택을 구매했다고 합니다. 힘들게 모은 자산을 투자한 것인데요, 나중에 조금 손을 봐서 카페를 운영해볼 요량이었습니다. 마침 옥상에 올라가 보니 바다

가 한눈에 내다보이는 뷰를 자랑하고 평수도 아담해 보였습니다. 집은 비어 있었고 낡았지만 M씨에게는 당장 사업을 시작할 수 있는 장점으로 다가왔습니다. 집주인이 내놓은 금액에서 더 저렴하게 계약하도록 도와주겠다는 부동산 중개인의 말에 놓칠 수 없는 행운이 스스로에게 온 것이라 생각한 M씨는 중개인에게 거듭 고맙다는 말을 전하며 수수료에 후한 웃돈까지 건네며 거래를 합니다.

M씨는 거래 이후 벅찬 마음에 집을 돌아보았는데요, 거래 전에는 안 보이던 심각한 문제들이 보였다고 하네요. 1층에서 당장 사업을 할 수 없는 집의 구조적 문제부터, 유동인구가 많지 않은 데다 야간에 노숙자나 취객들이 많이 다니는 곳이라 카페를 하기에 적합하지 않은 것도 알게 되었지요. M씨는 그제야 자신이 너무 성급하게 판단했다는 것을 깨닫게 되었지만

확증 편향

자신의 가치관, 신념, 판단 따위와 부합하는 정보에만 주목하고 그 외의 정보는 무시하는 사고방식

이미 엎어진 물이었죠. 그 순간에 대한 후회와 울분으로 M씨는 한동안 불면증과 우울증 치료를 받아야 했습니다. 이와 같은 경우는 너무나 많습니다.

잘못된 투자를 하고 혹은 누군가에게 거액을 빌려주고 돌려받지 못하게 된 경우, 객관적인 타인의 입장에서는 왜 저런 행동을 할까 싶은 사람들에게 물어보면 한결같이 말합니다.

"그럴 사람이 아닌데 정말 이상해요. 돈을 떼먹거나 사기 칠 사람이 절대 아니거든요."

"제가 잘 아는데 그럴 리가 없거든요. 그 물건은 확실한 건데……."

우리가 이미 믿기 시작한 것, 긍정적으로 보기 시작한 것에 대해서는 급속도로 호감을 가지도록 되어 있습니다. 이미 우리 뇌가 '이쪽 방향이야'라고 정한 순간 다른 증거들은 눈에 들어오지 않는 것입니다.

이것을 보통 '확증 편향'이라고 하는데요, 내가 생각한 논리에 맞는 증거들만 자꾸 수집하게 되는 것입니다. M씨처럼 이미 상가주택이 마음에 든 순간 M씨는 그 부동산의 문제점이

나 단점들이 눈에 들어오지 않습니다. 보면 볼수록 그 부동산을 구매해야 하는 매력적인 이유들만 떠오르기 마련이죠. 정치적 성향도 마찬가진데요, 각 정당의 지지와 관련한 기사와 각종 동영상, 글들은 차고 넘치기 마련이라 각자의 신념을 뒷받침해주는 자료들만 접하다 보면 다른 성향의 사람들과는 대화가 힘들어집니다.

우리가 확증 편향에 잘 빠지게 되는 것을 노벨경제학상을 수상한 심리학자 대니얼 카너먼Daniel Kahneman은 뇌의 시스템 이론으로 설명합니다. 우리 뇌는 시스템 1과 시스템 2가 있는데요, 시스템 1은 직관적이고 빠르고 무엇이든 잘 믿도록 되어 있고, 시스템 2는 의심하고 꼼꼼히 따져보는 역할을 담당한다는 겁니다. 카너먼은 시스템 2는 더러 바쁘고, 시스템 1은 게으르다고 하는데요? 실제로 우리는 의사결정을 많이 해야 하거나 혹은 우울하거나 불안할 때는 시스템 1의 지배를 받는 경우가 많습니다.

사람들의 확증 편향을 노린 사기들도 많습니다. '안전한 투자' '국가 채권' 등을 내세워 순진한 투자자들에게 수조 원의

돈을 투자받은 후 문제가 불거진 투자 사기들은 심심찮게 뉴스거리가 됩니다. 이름만 들어도 알법한 대형 금융권도 같이 연루된 경우도 많은데요, '금융의 전문가들조차 이런 수법을 어떻게 걸러내지 못했지?'라는 의문은 역시나 확증 편향으로 설명할 수 있습니다. 많은 대형 금융사들이 관여하고 있을수록 더욱 안심하게 되는 거죠.

"거 봐! 저 기관도 참여한 걸 보니 안전한 거겠지!"라는 시스템 1의 속삭임이 꼼꼼히 점검하는 걸 막는 겁니다. 수년 전 쯤인가 다른 업무로 우연히 방문한 은행에서 저도 투자 상품을 권유받은 적이 있는데요, "방금 다녀간 사업가도 여기 투자해서 큰 수익을 거뒀다"라는 설명에 '대형 금융사에서 취급하는 상품이니 안전하겠지? 나도 한번 해볼까?' 하는 유혹이 들었던 게 사실입니다. 다만 그날은 일정이 빠듯해서 다음에 살펴보겠다고 하고 서둘러 은행을 빠져나왔는데요, 몇 달 뒤 대서특필되었던 투자 손실 뉴스를 접하고 가슴을 쓸어내렸던 기억이 있습니다. 거액의 사기를 당한 사람들은 우리는 먼 거리에서 "어떻게 그런 것에 속아 넘어갈 수 있지요?"라고 말합니다. 그러나 확증 편향에 빠지는 순간 우리는 그 순간에 보고 싶

은 것만 보는 특수렌즈를 끼고 있는 셈입니다.

직장에서의 스트레스로 그만두고 싶을 정도로 힘든 마음에 상담실을 찾는 사람도 마찬가진데요, 그분들의 말을 찬찬히 들어보면 대부분 지금 여기가 아닌 그만뒀을 때의 장점에만 관심을 가지게 됩니다. 이곳을 그만두면 장밋빛 미래가 보장될 것 같고, 새로 공부를 시작하더라도 술술 잘 풀릴 것 같은 자신감이 샘솟습니다. 이를테면 주말에 쉬지 못하고 대신 평일에 쉬어야 하는 타 직장의 불편함조차 '그래 평일에 볼일을 볼 수 있으니 얼마나 좋아'라고 해석되는 식입니다. 내가 지금 직장이 싫어 떠나야겠다고 결심하는 순간 이곳을 제외한 모든 곳이 좋아 보이기 시작하는 거죠. 중요한 것은 이곳이 싫어서가 아니라 하고 싶은 일이 더 좋아서라야 하는데요, 그럴 때만이 객관적으로 자신의 상황을 점검할 수 있기 때문입니다.

우울증이나 공황장애, 불면증으로 상담실을 찾는 많은 분들에게 저는 보통 이렇게 조언을 드립니다.

"제발 스스로 충분히 고민하고 의심할 수 있는 에너지가 생길 때까지 중요한 결정은 꼭 미루세요!"

직장을 퇴사하는 것, 부동산을 사고파는 것, 주식 등에 큰 투자를 하는 등의 중요한 결정을 할 시기에 우리가 마침 엄청난 스트레스가 있고, 많이 우울한 상태라면 더욱이 이 '확증 편향'에 빠져 자신의 판단력이 무척이나 흐려지기 쉽다는 것을 명심해야겠습니다.

6

번아웃 증후군

이제 너무 지쳤습니다.

“이제 너무 지쳤습니다. 제가 이 조직을 위해서 2인분의 삶을 살아온 거 같아요. 돌아보니 제 삶은 온데간데없는 것 같고…….”

“이번 심사가 마지막이에요. 다음 심사 전까진 전 그만두고 말 거예요.”

“제가 소모품처럼 느껴져요. 쉬는 날에도 회사에서 계속 연락이 오는데 거절할 수도 없고 끊임없이 일이 지속되는 느낌

이에요."

상담실에서 비슷하게 또 다르게 자주 듣게 되는 스토리입니다. 이들은 모두 한때는 자신들이 하는 일을 사랑하고, 열정적으로 몰두했다는 공통점을 가지고 있습니다. 조직의 입장에서 본다면 없어서는 안 될 사람들이지요. 그렇지만, 어느 순간 스스로의 건강, 마음을 잘 돌보지 못하는 상태에 이르게 되는 겁니다.

얼마 전 상담실을 찾아왔던 J씨는 중견기업의 팀장이었는데요, 눈에 띄는 성실함과 책임감으로 누구보다 열심히 일했습니다. 실수를 하지 않기 위해 강박적으로 업무를 확인하고 챙기는 습관이 집에서도 이어졌고, 점차 아내와 자녀들과의 관계는 소원해져 갔습니다. 회사에서 인정을 받고 승진하는 것이 곧 가족들을 위한 일이라고 생각한 J씨는 자녀들 문제는 오롯이 아내에게 맡겨두었고 당연하다고 여겼습니다.

번아웃 증후군

휴일도 없이 일하던 J씨는 점차 몸과 마음이 지쳐가던 차 우연히 직장 건강검진에서 청천벽력 같은 암진단을 받게 됩니다. 치료를 받느라 일도 제대로 하지 못하고 병가를 내고 쉴 수밖에 없었습니다. 조직에서의 인정이 무엇보다 중요했던 J씨는 하루아침에 세상이 무너진 거 같았습니다. 급격하게 무기력해지고 우울해졌지요. "나 혼자 잘 살려고 그랬던 것도 아닌데……"라는 말이 목이 메여 바람 빠진 공에서 나는 소리처럼 흐릿해집니다.

지쳐서 가족들에게 손을 내밀어보지만 "필요할 때는 어디 있었냐?"는 핀잔을 배우자나 자녀들에게 듣게 될 때는 맥이 빠집니다. 아내 입장에서는 아이들이 커갈 때 제대로 아빠 역할을 못해준 남편에게 못내 서운합니다. 그렇게 회사일에 목을 매고 일을 하더니 자기 건강도 하나 책임지지 못하나 하는 생각에 지금 현실이 원망스럽기만 합니다.

J씨와 비슷하게 열심히 일에 몰두했을 뿐인데 적절하게 균형을 잡지 못하다 보면 가족 내 갈등이 생기기도 하고 건강을 잘 돌보지 못해서 큰 병에 걸리고야 무리한 것을 깨닫게 되기도 합니다. 번아웃 증후군은 이렇듯 다양하게 나타납니다.

세계보건기구WHO에서도 국제 질병 표준분류에서 번아웃 증후군을 직업 관련 증상의 하나로 분류해서 직장 생활과 관련한 스트레스의 일종으로 보고 있는데요, 그만큼 전 세계적으로 관심을 가지는 주제입니다. 흔하고 구체적인 증상들은 매우 피로하고 에너지가 없다고 느끼는 것, 직장을 그만두고 싶은 마음이 들거나, 냉소적이고 부정적으로 생각하게 되기도 하고 그러다 보니 업무에 대한 효율이 떨어지는 것입니다.

번아웃 증후군을 처음 언급한 사람은 허버트 프뤼덴버거 Herbert Freudenberger라는 정신분석가인데요, 중독문제가 있는 사람들을 상담하는 직원들의 모습에서 마치 약물 중독인 사람들과 비슷한 무기력한 상태를 발견했습니다. 그것을 처음으로 '번아웃'이라고 표현했는데요, 그야말로 활활 타서 재만 남은 상태인 겁니다.

늘 긴장의 연속에서 일하는 사람들, 사회 취약 계층을 상담하는 사회복지사, 자주 재발하는 특징을 가지고 있는 중독질환을 치료하는 사람들에게서 많이 발생한다고 알려져 있습니다. 실제 제가 일하고 있는 병원에서 치료진이나 행정직원들과

상담을 하다 보면 에너지가 많았던 분들이 점차 무기력해지고 소진되는 마음을 호소하는 경우가 꽤 많고 일반 직장에서도 최선을 다해 몰두해서 집중하다 보면 어느 순간 마음이 힘들어지게 되는 사례가 정말 흔합니다.

번아웃 증후군에 우리도 모르게 빠지게 되는 것은 우선, 내가 마주한 일들이 우선은 내가 감당할 수 있는 스트레스의 정도를 넘어선 경우, 다음으로는 내가 여러 가지 이유로 몸과 마음이 약해져서 스트레스를 견딜 힘이 작아진 경우입니다. 이 두 가지를 적절히 조절하지 않으면 누구라도 번아웃 증후군에 빠질 수 있는 겁니다.

내담자들과 상담을 하다 보면 우리나라의 기업문화가 종종 일을 잘하는 사람들에게 업무가 몰리는 경향이 있다는 것을 알게 됩니다. 잘하는 사람이 좀 더 감당하게 되면 효율적이고 그 사람은 인정받고 싶은 마음 때문에 자꾸 일을 떠안게 되는 악순환이 생기는 건데요, 그러다 보면 당사자는 결국 번아웃 증후군으로 퇴사를 하게 되는 일이 반복되기도 합니다. 내가 지치지 않고 계속 일을 잘 해나가기 위해서는 두 가지 균형

을 잘 유지해야 합니다.

사람마다 스트레스를 감당해내는 정도는 다른데 내 능력을 넘어서면 불안, 우울, 무기력 등의 증상이 생길 수 있습니다. 명심해야 할 것은 내가 모든 것을 다 해낼 수는 없다는 것을 받아들이고 적절한 수준으로 일을 조절할 수 있어야 합니다. 스스로 조절하지 못하다 보면 결국은 그만두어야 이 괴로움에서 벗어날 수 있다는 생각이 들기 때문입니다. 주위 사람들을 실망시킬까 봐 지금은 너무 버겁다는 말을 하지 못하는 경우도 많습니다. 외부의 인정에 목말라 일을 하다 보면 더 쉽게 지치게 됩니다. 그렇기 때문에 내가 스스로 정하는 것은 무엇보다 중요합니다. 너무 열심히 하다 지쳐서 일을 포기하게 되면 내가 제일 손해이니까요!

7

램프 증후군

걱정도 사서 한다.

막연한 불안감으로 상담실을 찾는 사람들이 늘고 있습니다. 그 또한 나쁘지 않습니다. 불안하다는 것은 살아 있다는 것이니까, 불안하다는 것은 소망이 있다는 것이고, 지키고 싶은 것이 있다는 반증이기도 하죠. 그런데 문제는 항상 '과도함'에 있습니다.

"선생님 제 영원한 짝을 어떻게 찾아야 할지 모르겠어요. 이러다가 영원히 혼자 살게 되는 건 아닌지……. 너무 외로워질

까 봐 걱정이에요."

충분히 할 수 있는 고민이죠. 내 인생의 반려자를 찾는다는 게 어디 쉬운 일인가요? 그런데 이 사람이 영원히 나만을 사랑해줄지, 나는 또 이 사람에게 싫증이 나지 않을지 걱정이 될 수 있습니다. 긴 상담 끝에 이 내담자는 결국 결정을 내렸습니다. 지금 사랑하는 사람과 함께하기로 말이죠. 그런데 다시 또 다른 걱정이 꼬리를 뭅니다.

"제 배우자가 갑자기 큰 병에 걸리면 어쩌지요? 그럼 저는 또 혼자 남게 될 텐데……. 제가 갑자기 아프게 될 것도 걱정이에요."

머나먼 미래의 걱정거리를 가지고 와서 하염없이 불안해하는 사람을 간신히 현실로 데려와 착지를 시키면 또 다른 걱정거리가 스물스물 나오기 시작합니다. 알라딘이 램프에서 '지

니'를 부르듯이 말입니다. 그래서 이런 증상을 '램프 증후군'이라고 부르고 좀 어려운 의학용어로는 '범불안장애'라라고도 합니다. 습관적으로 램프에서 '지니'를 불러내는 사람들이 있습니다. 불안이 가라앉고 지금의 상태에 겨우 안정이 될라치면 지금이 램프를 꺼낼 시간이야 하고 지니를 부르는 주문을 외웁니다. 지니는 끊임없이 새로운 걱정거리를 하나씩 가지고 나타나는 것이죠.

"제가 시험에 통과할 수 있을까요? 공부를 하려고 하는데 도저히 집중이 안 돼요!"

힘들게 시험에 통과해서 원하는 직장에 겨우 출근을 했는데 또 다른 걱정이 엄습합니다.

"여기서 잘 버틸 수 있을까요? 제 실력이 모자란 것을 주위에서 알고 도태되면 어쩌죠?"

"어머니가 가신 지 얼마 되지 않았는데, 아버지도 갑자기 제 곁을 떠날까 봐 너무 걱정이 돼요. 저도 불치병 선고를 받게 되는 건 아닐까요?"

"코로나 바이러스가 확산되어 다 감염되는 거 아닐까요? 이러다 아이들 공부도 못하게 되는 건 아닌지 너무 걱정이 돼요."

미리 걱정하고 불안해하는 심리에는 내가 그 주제에 대해 많이 생각할수록 더 잘 대비할 수 있고 대처할 수 있으리란 믿음이 깔려 있습니다. 미래를 잘 대비하기 위해서는 계속 걱정을 해야 하는 것이죠. 그런데 실상은 그렇지 않습니다.

심리학자인 어니 젤린스키(Ernie Zelinski)는 우리가 걱정하는 일 중 실제로 조치를 취할 수 있는 것은 4%이고 그 외는 사소하거나 혹은 어차피 바꿀 수 없는 것이라고 했습니다. 모든 것을 다 준비한다고 해도 우리의 예상대로 일이 일어나지 않는 것이 현실인 것입니다.

필자가 대학병원 전공의 4년차였을 때입니다. 전문의 자격을 취득하면 어딘가 취직을 해야 할 텐데, 선배들의 경우를 보니 새로운 병원에서 입을 가운이 바로 확보되지 않아 전공의 때 사용하던 가운을 활용하는 경우가 많아 보였습니다. '새로운 직장에서 사용할 깨끗한 가운을 미리 준비해야겠어'라고 마음먹은 후 저는 해마다 제공되는 새 가운 중 하나를 사용하지 않고 휴게실 한쪽에 잘 보관해두었습니다. 준비를 완벽히 했다는 생각에 내심 흐뭇했었죠.

그런데 전문의 시험공부를 하느라 몇 주간 자리를 비우다

병원에 복귀를 해서 보니, 보관해두었던 제 새 가운을 임시로 채용된 연구직 선생님을 위해 비서분이 제 이름표를 떼어내고 친절하게 건네주었던 참이었습니다. 임시직이라 가운이 제공되지 않았던 선생님을 배려하기 위한 비서의 적절하고 융통성 있던 대처였고, 나와 친했던 비서분은 아마도 내가 쓰지 않는 새 가운을 귀퉁이에 던져두었다고 생각했을 것입니다. 이 일을 계기로 저는 세상일은 예측한 대로 되는 게 아니구나라는 작은 깨달음과 함께 최선을 다하지만 결과에 연연해하지 말자 이런 생각을 하게 되었습니다.

끊임없이 미래를 걱정하고 일어나지 않을 일에 미리 불안해하는 사람은 이런 생각을 할 수 있습니다.

“우리의 관심이 현재 순간을 벗어나지 않는다면 어떻게 미래를 계획할 수 있나요?”

이런 질문에 불교의 생불 중 한 분인 틱낫한 Thich Nhat Hanh 은 이렇게 대답했다고 합니다.

“미래를 위한 최고의 계획은 미래로 나아가기 위해 현재 순간을 등질 때 이루어지는 것이 아니라 미래를 현재 순간으로

가져올 때 이루어진다."

즉, 알 수 없는 막연한 미래에 머물러서는 안 되고 현재를 살아가되 미래를 초대해야 한다는 것입니다. 그렇다면 내가 현재에 할 수 있는 일이 무엇이고, 노력한다 한들 아무 소용이 없는 일이 무엇인지 구분할 수 있게 되는 것이죠. 미래를 현실로 초대했을 때야 비로소 '우리가 현재에 노력해서 바꿀 수 있는 것은 정말 미미하구나!' 하는 깨달음을 얻게 되는 것입니다.

알면 좋고, 모르면 손해 볼 만한 것들

잠

Q. 평소 꿀잠을 잘 수 있는 무슨 비법 같은 것이 없을까요?

잠자기는 누구나 막연히 중요하다고 알고는 있지만 다들 그 중요성을 가볍게 여기기도 하죠. 그리고 과학적으로 수면이 우리 삶에서 얼마나 중요한 역할을 하는지는 100% 밝혀지지 않았고 아직 연구 중에 있습니다.

단적으로 수면이 왜 필요한가는 잠을 못 자게 하였을 때 나타나는 현상을 보고 알 수 있습니다. 사람에게 잠을 못 자게 하면 굉장히 고통스러워하고 심할 때 환각, 망상이 나타나기도 합니다. 동물 실험 결과에 의하면 잠을 못 자게 했더니 그 동물이 쇠약해지고 과식을 하거나 반대로 입맛을 잃기도 해서 체

중변화, 체온저하, 피부장애, 그리고 사망까지 한 경우도 있습니다.

또 잠자는 동안에는 우리가 깨어 있는 동안에 학습한 지식이 장기 기억으로 바뀐다고 알려졌는데요, 특히 학생들이 밤에 잠을 잘 자야 낮에 학교에서 공부한 것들이 잘 저장되기 때문에 수면에 대한 학부모님들의 적극적인 지도가 필요합니다.

몸이 아프거나 피로하거나 임신상태, 스트레스가 많을 때는 수면 욕구가 많아집니다. 우울감과 수면의 관계에 있어서, 건강한 사람에게는 충분한 수면을 취하면 우울한 감정이 감소되는 현상을 보이나 어떤 사람은 과도한 수면이 우울한 느낌을 주기도 합니다.

생체리듬 중 가장 중요한 리듬이 24시간 주기 리듬인데요, 이 일주기 리듬은 우리 눈으로 들어오는 햇볕에 의해 조절이 되기 때문에 낮에 충분히 햇볕을 쬐는 것, 밤에는 깜깜한 상태에서 자는 것이 중요합니다. 오랫동안 수면은 단순하고 균일한 현상으로 생각되어 왔는데, 1953년 급속 안구운동을 하는 수면인 REM수면이 밝혀지면서 수면에는 여러 단계가 있고 이 단계가 리듬적으로 반복된다는 사실이 알려지게 되었습니다.

사실, 우리의 기분이나 컨디션과 굉장히 밀접한 관련이 있는 게 수면인데요, 그래서 주, 야간 근무를 불규칙하게 하거나 낮이 짧고 밤이 긴 지역에 거주하는 경우, 일주기 리듬이 깨지기 쉬운 환경에서 불면증도 쉽게 생기고 기분이 우울할 수도 있습니다. 그래서 교대근무를 하시는 분들이나 시차가 다른 곳을 자주 출장 가야 하는 일을 하시는 분들이 불면증으로 고생을 많이 합니다.

불면증이란 우선 잠들기가 어렵거나, 자주 깨거나, 깬 다음에 다시 잠들기 어려움 중에서 하나 이상의 증상이 있을 때이며, 이로 인해서 사회생활, 학업, 직장생활 등에 큰 지장이 있어야 합니다. 또한 일주일에 이러한 어려움이 3일 이상 있고, 3개월간 지속이 될 때 불면증으로 진단할 수 있고 치료를 받아야 한다고 보고 있습니다.

일반적으로 평소에 알아두시면 유용한 수면위생에 대해 자세히 설명드리도록 하겠습니다. 수면위생이란 단어는 수면을 방해하는 요소를 환자 자신이 제거하고 좋은 수면을 위해 30년 전 처음으로 사용되었습니다. 수면위생은 수면 패턴을 좋게

하는 라이프 스타일과 잠자기 위한 준비 등을 말합니다.

즉, 수면을 방해하는 것들을 하지 않는 것인데요. 카페인 금지, 니코틴 금지, 알코올 금지, 음식 조절하기, 침실 주변 소음 금지, 방 온도 조절, 체온 조절, 공기의 질, 빛 조절 등입니다. 실제 이런 조절만으로도 수면이 좋아지는 분들이 꽤 많습니다.

가끔 불면증 진료 시 이렇게 말씀하시는 분도 계십니다.

"저는 원래 커피를 하루 4, 5잔 마셔도 잠을 잘 잤던 사람이에요. 지금도 그렇게 하고 있는데요, 제 불면증이랑 무슨 상관이 있어요?"

즉, 상식적으로 수면에 방해가 되는 행동을 부지불식간에 하시는 분들이 많습니다.

불면증이 있을 때마다 술을 드시는 분들도 꽤 많으신데요, 비록 술이 처음에는 중추신경계를 억제하지만 그것의 효과가 없어지고 나면 밤에 잠을 깨우게 됩니다. 바로 술 등이 내부적인 것들이고요, 대조적인 침실 요소는 주로 외부적인 것입니다. 침대가 얼마나 편한지, 방의 환기가 얼마나 잘되는지, 주변 환경이 시끄럽거나 조용한지에 관한 것들입니다.

특히 밤에 생각나는 야식 또한 빼놓을 수 없습니다. 물론

배고픔은 잠을 깨울 수 있습니다. 반대로 너무 배부른 채로 잠자리에 드는 것도 잠을 깨울 수 있습니다. 밤에 배가 고파 잠에서 깼을 때는 작은 양의 음식들, 즉 따뜻한 우유 한 잔을 마시는 것이 수면에 도움이 될 수 있습니다.

운동 또한 매우 중요합니다. 신체적으로 건강한 사람이 더 좋은 수면의 질을 가지고 그래서 일주일에 세 번 20~30분의 운동을 해서 체력을 증진하라고 권하는 것은 수면을 촉진하는 좋은 방법입니다. 그렇지만 의외로 잠들기 직전 늦은 저녁에 운동을 하는 분들이 많은데요. 과격한 운동을 하게 되면 신경계를 깨우게 되고 잠드는 것과 그것을 유지하는 데 문제가 생길 수 있습니다. 운동을 하기 가장 적절한 시간은 바로 늦은 오후입니다.

그 외에도 소리, 방의 온도, 체온, 공기의 질 등이 영향을 끼칠 수 있습니다. 특히 너무 많은 불빛은, 특별히 밝고 하얀 빛은 잠을 깨울 수 있습니다. 창문을 암막 커튼으로 구성하는 것도 해결책이 될 수 있고요, 교대로 일을 해야 하는 병원의 간호사나 경비원분들은 낮에 잠을 주무실 때 반드시 방을 깜깜하

게 하고 자야 합니다.

어느 순간부턴가 잠자기가 굉장히 힘들다면 수면을 잘 취하는 누군가에게 어떻게 하면 되는지 물어보는 것이 좋을 텐데요, 그 사람들이 어떤 말을 할까요? 아마 이렇게 말할 겁니다.

“그냥 자는 겁니다. 저절로 되는 건데요?”

아마 그다지 도움이 안 된다고 생각하실 텐데요, 사실 그 안에 비밀이 있습니다.

수면은 우리 신체에서 자연스러운 일련의 과정입니다. 무슨 특별한 방법을 가지고 있는 사람이 잘 자는 건 아니라는 거죠. 대개의 불면증을 가진 분들은 수면 실패에 대해 매우 집착합니다. 오랫동안 잠들지 못하고 아침이 가까워질 때까지 뒤척이는 경우가 많죠. 어떤 의미에서 불면은 수면에 대한 집착으로 볼 수 있습니다. 대부분의 불면증을 가진 분들은 잠을 청할 때 마음을 비우기 힘들거나, 복잡한 생각들이 계속 꼬리를 문다고 호소합니다. 이러한 상태를 조절키 위한 지침들을 소개합니다.

먼저 '오늘 하루 정리하기'입니다.

이를 위해서는 펜과 종이를 가지고 초저녁에 앉습니다. 그날의 일들을 평가하고 기록해봅니다. 잘 정리된 느낌을 받기 위해 20분 정도를 사용하고 다 정리되었으면 수첩을 덮습니다. 잘 시간이 되면 다 정리가 되었다고 상기하고 새로운 생각은 메모를 해둔 다음날로 넘기세요.

다음으로 '반복된 생각을 차단하는 방법'입니다.

눈을 감고 침대에 누워 있는 동안 머릿속에 매초마다 한 번 내지 두 번 같은 단어를 반복하세요. 양을 세거나 숫자를 세어도 좋습니다. 크게 말하지 말고 입모양만 내면 됩니다. 5분 동안 혹은 다시 잠들 때까지 반복합니다. 이 방법이 너무 지루하다면 대신 오디오북이나 조용한 라디오를 듣는 것도 방법이 될 수 있습니다. 그리고 반드시 피해야 할 행동은 바로 스마트폰 시청입니다.

누구나 선택의 기로에 선다

8

트롤리 딜레마

인생에서 매번 피 말리는 선택들

요즘 우리는 그 어느 때보다 '공감'이나 '애착'이라는 단어를 주변에서 많이 듣고 있습니다. 우리 사회가 빠르게 현대화되면서 내 주변의 이웃을 볼 일이 점차 줄어들고, 현관문을 꼭꼭 닫고 있는 것이 너무 당연해져버렸고, 집 근처 놀이터에 아이만 혼자 놀게 보내는 것은 불안한 일상이 되어버렸습니다.

언론에서 경쟁적으로 보도하는 반사회성 범죄를 보면 '세상은 너무 각박해!'라는 탄식이 절로 나옵니다. 아이를 입양해

서 학대하거나 친자식인데도 방치하거나 학대하는 경우도 많고, 잔혹한 연쇄살인범들의 얘기가 회자될 때마다 '내가 사는 이곳은 과연 안전한가?'라는 궁금증이 듭니다.

그럼에도 불구하고, 우리는 여전히 사람들 사이에 있을 때 위안을 받고 다른 사람의 아픔을 이해하는 능력을 매우 중요하게 여기고 있습니다. 실제로 누군가와 대화를 할 때 부드러운 목소리로 천천히 말을 하면 상대방을 안정화시키는 데 매우 도움을 주게 됩니다.

제가 일하는 병원의 공감 연습교육에서 치료자들끼리 가상으로 대화를 나눠보도록 했는데요, 딱딱하게 거절하는 식으로 서로 말을 하도록 하니 점차 목소리 톤이 높아지고 속도가 빨

트롤리 딜레마

참가자들에게 브레이크가 고장 난 트롤리 열차의 문제를 전달하고 다수를 구하기 위해 소수를 희생해야 하는지, 아니면 소수의 희생 또한 막아야 하는지를 결정하게 하는 상황을 가리킴

라졌습니다. 우리 몸이 자연스럽게 '아 이건 전투태세야' 하고 느끼고, 심장도 빨리 뛰고, 근육에도 힘이 들어가게 되기 때문입니다.

우리도 누군가와 대화하다 상대방의 말에 화가 나면 나도 모르게 목소리가 높아지는 경험을 다들 해보셨을 겁니다. 반대로 누군가 내 말을 잘 들어주고 달래주면 화난 감정이 스스로 녹아내리고 언제 그랬냐는 듯이 괜찮아지기도 합니다.

아니면 길을 가다 갑자기 아이가 혼자 '꽈당!' 하고 넘어지는 장면을 목격하면 나도 모르게 '아이쿠, 이걸 어쩌나' 하는 마음이 들며 생각할 겨를도 없이 일으켜주고 있는 자신을 발견하게 될 겁니다.

이 실험은 왜 그럴까요?

지금까지의 뇌 과학 연구에 의하면 우리 뇌가 그렇게 하라고 설계가 되어 있는 거 같습니다. 하버드의 석학인 마이클 샌델Michael J.Sandel 교수가 공리주의 이론을 설명하며 인용한 〈트롤리 딜레마〉라는 유명한 실험이 있는데요, 여기에 조슈아 그

린 이라는 과학자가 뇌 영상 실험을 같이 시행했습니다.

이런 질문을 던지면 많은 사람들은 그래도 여러 명이 사망하는 것보다 한 명이 희생되는 것이 더 낫다고 생각하고 핸들을 돌리겠노라 답을 했다고 합니다. 또한 제 주변 사람들에게 물어봐도 다들 비슷하게 답을 했습니다.

이렇게 질문하면 밀겠다고 대답한 사람이 거의 없었다고 합니다. 그렇게 하는 것은 왠지 내가 살인을 저지르거나, 누군가를 내 손으로 직접 해를 끼치는 거 같은 느낌이 강하게 들기 때문입니다.

실제 제 주위 사람들에게 이런 질문을 하니(대부분 의료인이거나 병원 종사자들입니다) "내 손으로 누군가를 죽일 수는 없다"라고 답하거나(하긴, 그들은 사람을 살리는 일을 하는 사람들이니 어쩌면 당연한 반응이기도 합니다), "제가 거기서 어떤 책임이 있는 사람인가요? 지나가는 사람인가요? 아님 기관사인가요?"라는 질문들이 연달아 이어졌습니다.

사실 이 실험의 가정은 너무나 단순한 데 비해서, 현실에서

는 좀 더 복잡한 과정을 통해 중요한 의사결정이 이루어지고 있습니다. 하지만 우리는 어떤 상황에서 의사결정을 할 때 수학공식처럼 어떤 규칙에 따라 결정하는 것이 아닌 여러 가지 복잡한 요소에 의해 결정을 하게 되는데, 그때의 우리의 신체 상태나 감정 상태 등이 영향을 끼치게 됩니다.

특히 트롤리 딜레마처럼 지극히 일치되지 않는 결정을 하게 되는 이유는 우리 뇌의 '복내측 전전두엽 피질'이라는 부위가 우리의 도덕적 판단에 관여하기 때문입니다.

실제 이 부위가 손상된 사람(종양이 생겼거나, 뇌출혈, 치매로 인한 뇌세포 손상 등으로 인해)은 윤리적이지 않은 행동을 스스럼없이 하거나 도덕적 판단에 문제가 생긴다고 하니 꽤 일리가 있는 설명입니다.

특히 반사회성 행동을 하는 사람들의 뇌를 연구해보면, 전전두엽 피질과 다른 뇌의 부위 연결망 등이 손상되어 있다고 하니 그들이 잔인한 행동을 스스럼없이 하는 것은 그들의 심성 문제뿐만 아니라, 진짜 뇌의 기능 문제일 수도 있을 것 같습니다.

9

도박사의 오류

도박사의 오류란? 도박에서 이기고 질 확률이 각각 반반이라고 할 때, 여러 번 도박에서 진 도박사가 다음번 도박에서는 반드시 이길 수 있다는 일반적인 착각을 말합니다. 조금만 생각을 해보면 각각의 도박이 다음번 도박에 영향을 주지 않기 때문에, 매번 도박에서 이기고 질 확률은 결국 반반이 된다는 것이지요.

러시아의 대문호 레프 톨스토이Leo Tolstoy의 단편소설《사람

은 무엇으로 사는가》에서는

라는 질문을 우리에게 던집니다.

너무나 건장해서 정말 누구보다도 오래 살 것 같아 보이던 부자는 1년을 신어도 해지지 않을 구두를 주문하고는 돌아가던 길에서 그만 급사를 하고 마는데요, 사람에게 허락되지 않은 질문에 대한 답은 내가 언제까지 살 것인가 하는 것이죠. 우리는 언젠가는 누구나 죽는다는 명제를 머리로 알고는 있지만 매일매일의 삶에서 그 사실을 까마득히 잊고 지냅니다.

마치 오늘의 삶이 영원히 주어질 것같이 말이죠. '몇 시간쯤이야 실컷 게임이나 하자!', '뭐 아직 젊은 데 어때서?', '지금은 이렇지만 내년부터는 잘해봐야지.' 우리의 마음은 늘 이렇게 속삭입니다. 나의 허전한 마음을 달래기 위해, 힘든 마음에서 도망가기 위해, 과도한 쇼핑을 하고, 술을 마시고, 게임을 하

도박사의 오류

도박에서 따거나 잃을 확률은 항상 반반이지만, 계속 잃기만 하는 도박 참가자가 이번 판에는 반드시 딸 거라고 잘못 판단하는 오류

고, 도박을 하는 동안 내 인생의 시계는 빨리 감기로 종말을 향해 흘러가고 있을지도 모릅니다.

요즘, 우리의 삶은 주변에 자극적인 것으로 넘쳐납니다. 그것은 우리에게 자유와 행복이라는 그럴싸한 이름으로 보이고 있습니다. 술을 마시거나 마약을 해서 생기는 중독과 마찬가지로 도박이라는 어떤 행동 자체에도 중독이 될 수 있습니다.

우연히 호기심으로 시작했다가 작은 판돈으로 거액을 따는 승리를 경험하게 되면 굉장한 스릴과 쾌감을 맛보게 됩니다. 이러한 기억들은 너무나 강렬하기 때문에 그 상태에 굉장히 집착하게 됩니다.

매일매일 힘들게 견디고 일했을 때 월급이라는 보상은 한 달 뒤에나 나오는데요, 도박은 즉시에 보상이 나오거든요. 이런 강한 자극만 쫓게 되면 쉽게 말해 뇌의 행복과 쾌락을 느끼는 회로가 망가진다고 보시면 되겠습니다. 만약, 도박에서 100만 원을 투자하여 그 10배가 넘는 천만 원을 벌어들인 순간, 우리 뇌는 아마 그때의 쾌감을 평생 잊지 못할 겁니다.

매일매일을 노력해서 한 달에 한번 받는 월급은 조금 다른

차원의 보상입니다. 미리 예정되어 있는 것이기도 하고, 우리는 월급을 받기 위해 억지로 일한다기보다 매일 규칙적으로 내가 잘하는 또는 내가 좀 좋아하는 일을 하며 다른 차원의 기쁨과 보람, 소속감, 행복을 느낍니다.

그렇기 때문에 월급을 받을 때마다 너무 행복하고 짜릿하지는 않습니다. 오히려 어쩌다 응모한 작은 경품에 당첨되었을 때가 더 진한 행복감을 안겨줍니다. 바로 이런 것이 우리 뇌에서 '도박사의 오류'를 일으킬 수 있는 요소들입니다.

우리 뇌는 예측된 것에는 도통 기쁨을 느끼는 '도파민' 분비가 되지 않기 때문입니다. 예측할 수 없는 일에서 큰 보상을 받으면 우리 뇌에서 도파민 분비가 많아지고 우리는 그 행동을 자꾸 반복하게 되는데 그것이 흔히들 말하는 '중독'입니다.

역설적으로 우리가 중독에 쉽게 빠지는 것은 그만큼 현실에서 내 마음을 굳건히 하고 내가 하는 일과 관계에서 행복을 찾기가 어렵다는 뜻이기도 합니다. 세상이 각박해지고 사람들 사이의 배려나 여유가 없어질 때 우리는 쉽게 우리 마음을 달래거나 도망시켜줄 무언가를 찾습니다.

그러기에 도박, 게임, 쇼핑, 술, 담배 이런 것들은 엄청난 마법인 양, 굉장히 빠르고 달콤하게 우리 마음을 사로잡습니다. 그렇지만 비슷한 행복감을 느끼기 위해서는 그것의 강도가 더 강해져야 합니다.

도박은 하면 할수록 잃을 수밖에 없는 시스템이기 때문에 본전을 회수하기 위해 더욱 집착하게 되고, 이전에는 소주 3, 4잔으로 즐거움을 느꼈던 나의 뇌가 이제는 1, 2병 정도는 마셔야 비슷한 기쁨을 느끼게 됩니다.

그 순간, 우리는 인생의 소중한 시간들을 '이 정도쯤이야!' 하는 변명 아닌 변명으로 계속 저당 잡히고 있을지도 모르겠습니다.

10

햄릿 증후군

주어진 선택지가 너무 많아!
대체 어떻게 하라는 거야?

얼마 전 동네 마트에 들렀을 때입니다. 세안제품을 사야 하는데 종류가 너무 많았습니다. 게다가 할인되는 제품, 또 덤으로 하나 더 주는 제품까지 있어 도대체 하나당 정가가 얼마인지도 금방 머릿속에서 계산되지 않습니다. 요즘 우리는 물건을 하나 사면서도, 엄청난 정보의 홍수 속에 그리고 지나치게 많은 제품들이 쏟아져 나오는 통에 순간순간 결정을 내리기가 쉽지 않습니다.

‘결코 나만 그런 게 아니구나!’ 하는 걸 인터넷상에서도 쉽게 볼 수 있습니다. 보통의 카페 글에서는 ‘이사를 가야 하는데 어디가 좋을까요?’, ‘돌잔치를 하려고 하는데 좋은 식당 좀 추천해주세요’, ‘배달 음식은 어디가 맛있을까요?’, 심지어는 ‘배우자가 이직을 하려고 하는데 과연 어떻게 하라고 해야 할까요?’라는 글도 있습니다. 친절하게도 많은 댓글들이 순식간에 줄을 잇는데, 글쓴이가 과연 이 글을 참고로 어떤 결정을 내렸을지 궁금해집니다.

어떤 상황에서 결정을 해야 하는데 갈팡질팡 길을 못 찾는 경우가 종종 있습니다. 현대사회에서 특히 그런 점이 두드러진다고 해서 올리버 예게스Oliver Jeges는 “현대인은 결정 장애를 가지고 있다”라고 말하기도 했는데요, 셰익스피어의 유명한 희곡

햄릿 증후군

셰익스피어의 〈햄릿〉 작품에서 주인공이 중요한 결정을 하지 못하고 갈등하는 모습에서 착안되었다. 요즘 현대인이 매일 접하는 과다한 정보들과 자립성의 상실 속에서 끝내 결정을 못 내리고 자꾸 미루는 것이 대표적 현상이다.

인 〈햄릿〉의 "죽느냐 사느냐 그것이 문제로다!"라는 대사를 비유해서 햄릿 증후군이라고도 합니다.

제 상담실을 찾는 많은 분들도 이런 갈등을 가지고 오십니다. '지금 만나는 사람이 정말 제 인연인지 모르겠어요!' '이 직장을 끝까지 다녀야 할지 모르겠어요!' 족집게 도사에게 명쾌한 해답을 바라듯, 간절한 눈빛으로 저를 바라보시면 저 또한 숙제를 잔뜩 받은 학생처럼 연필을 들고 골똘히 고민하게 됩니다.

이처럼 우리가 현대를 살아가면서 결정 장애를 가지게 되는 것은 크게 두 가지로 설명해볼 수 있습니다.

우선은 외부 환경에서 찾을 수 있는데요, 요즘 사회는 지나치게 선택지가 많습니다. 불과 40~50년 전만 하더라도 생각보다 선택할 게 별로 없었습니다. 인터넷도 없던 때였고, 대부분을 집 근처 시장에서 장을 보던 시절이었으니까요, 하다못해 치킨을 주문할 때도 프라이드 아니면 양념이 다였습니다. 그것도 늘 가던 가게에서요.

그런데 지금은 앞서 예를 든 세안제품만 하더라도 국산품,

외제품, 유명 브랜드 중소브랜드 등 못해도 아마 수십 가지가 넘을 것입니다. 여기서 우리의 뇌는 하나하나 제품의 특징을 파악하고 가성비를 따져서 선택하는 것이 너무 피곤하다고 느끼게 됩니다. 그럴 때는 '쓰던 거나 계속 쓰자!', ' 아님 전문가에게 물어볼까?'라는 생각을 하게 되죠.

그런데 '전문가'가 누구인지를 결정하는 것 또한 쉽지 않습니다. 이럴 때 우리를 유혹하는 것은 많은 사람들에게 신뢰를 받는 사람, 즉 인플루언서입니다. 자신만만하게 "이게 옳은 길이야! 어머, 이건 꼭 써야 돼!"라고 말하는 주인공이 있고, 거기에 많은 청중들이 호응하고 있다면 왠지 그 방법이 맞아 보입니다. 우리 마음 한쪽의 불안감이 증폭되면서 말이죠. 자신만만하고 화려해 보이는 사람들이 대중에게 더 지지를 받고 투자자들의 지원을 받기 쉽다는 연구 결과도 있습니다.

두 번째는 바로 우리 내부에서 찾을 수 있습니다. 현대사회는 인터넷으로 긴밀하게 정보가 교환되고 무한한 가능성이 있을 거 같지만, 그 이면에는 남들과 끊임없이 비교하는 모습이 있습니다. 내가 결정하는 것들이 바로바로 순위가 매겨지고,

비교를 당한다면, 몸이 떨리고 금방 자신이 없어져 버립니다.

더구나 요즘 청소년들은 과도한 입시 경쟁, 부모님들의 지나친 관심으로 어려서부터 스스로 결정하는 경험을 잘해보지 못한 채 성장하고 있습니다. 그러다 보면 내 스스로 결정해야 할 때 두렵고 잘못될까 봐 겁이 날 수도 있습니다.

그런데 누군가에게 물어보고 결정했다가 잘못되면 그 사람에게 책임을 돌릴 수 있죠. 내 일을 내가 스스로 결정하는 것! 이것은 우리 두뇌 중, 전전두엽이라고 하는 이마 쪽 뇌에서 담당을 하는데요, 누구라도 우울해지거나 불안해지면 이 부위의 능력이 떨어져서 매우 우유부단해집니다.

내 마음에 자신이 없는 상태, 내 마음을 알아주고 응원해주는 사람을 찾고 싶은 것, 안 되면 누군가에게 그냥 기대고 싶은 마음. 이것이 결정 장애 안에 숨겨져 있는 우리의 속마음일 겁니다.

상담 시의 일입니다.

"그래, 지금 마음은 좀 어떠세요?"

"선생님, 잘 모르겠어요. 저는 A 직장을 나가고 싶은데, 친

구가 계속 다니지 말라고 하네요! 어떡하면 좋을까요?"

스스로의 자아가 약한 사람은, 지금 느끼는 마음이 내 마음인지 다른 사람의 마음인지도 잘 구분하기 힘들어합니다. 아마 그분도 다니고 싶지 않은 마음일 것 같은데, 그것을 확신할 수가 없어서 친구나 치료자인 저에게 계속 확인받고 싶었을 겁니다.

앞으로도 결정을 그르치는 여러 정보가 넘쳐날 현대사회에서 스스로의 앞날을 잘 결정하려면 '까짓 거, 실패해도 괜찮아!'라는 자신만의 멋진 용기를 선택할 시점입니다.

가까운 사람들과의 관계

Q. 대체 어떤 행동들이 가까운 사람들과의 관계를 쉽게 망칠 수 있나요?

최근에는 좀 달라져서 가정 폭력으로 경찰에 신고를 많이 하는 분위기인데요, 과거만 해도 집안일로 인식돼서 외부의 도움을 받지 못하는 경우가 훨씬 많았다고 합니다. 오랜 가정 폭력으로 상담을 오시는 분들이 공통적으로 하시는 말씀이, 보복이 두렵고, 신고를 해봐야 도움을 받을 수 있을까 걱정이 되고, 집안일을 외부로 알린다는 게 너무 두렵다고들 하시거든요.

보통 데이트 폭력이나 가정 폭력의 가해자들을 보면 우울

증이나 반사회성 성격장애, 알코올 중독 등의 문제가 있는 사람들도 있지만 의외로 사회생활을 아주 잘하시는 분들도 있습니다. 사회적 지위나 기능과 반드시 비례하는 건 아니라는 겁니다.

사람과의 관계에서 반복되는 패턴이 있는 건데요, 어린 시절 가정에서 폭력적 상황을 많이 보았던 경험이 있는 것도 중요하게 작용합니다. 아내나 어머니를 굉장히 무시하고 반복해서 폭행하는 사람들 중 많은 비율에서 어린 시절 아버지가 어머니를 구타하는 것을 보며 자랐고, 이것이 자신도 모르는 사이에 학습된 경우도 있습니다.

아직 우리나라 부부관계에서는 한쪽이 우위에 있고 한쪽은 복종하는 수직적인 위치가 머릿속에 남아 있는 겁니다. 성격이 미숙하고 의존적이며 자신감이 없거나, 사회에서 인정을 잘 받지 못하고 좌절감을 느낄 때 여자 친구나 아내에게 그 분노를 표출하며 구타하는 경우도 종종 있습니다.

우리가 얼핏 생각하기에는 '그렇게 폭력적인 사람과 왜 사귀고 결혼을 유지하는 거야?' 이런 생각을 할 수 있습니다. 그

렇지만 그건 단순한 문제가 아니거든요. 일단 데이트 폭력에서 처음부터 가해자가 폭력적 성향을 보이지 않습니다. 처음에는 좀 강하게 옷차림을 지적하거나 간섭하는 정도로 나타나고 그런 게 얼핏 사랑이나 관심 애정으로 느껴지기도 합니다.

그러다 점점 강도가 강해지고, 감정이 뒤엉키면서 어느 순간 아주 위협적인 사건이 발생되거든요. 특히 이미 결혼한 상태에서는 대개 피해자들이 집을 나와도 생계가 막막하다거나 돌봐야 할 어린아이가 있는 경우는 더더욱 관계를 끊지 못하고 큰 고통을 받게 됩니다.

물론 가장 많은 위안을 얻는 것도 애인이나 가족이겠지만, 가장 많은 상처를 받는 대상도 가까운 사람들입니다. 그만큼 가까운 사람들끼리는 감정이라는 매듭이 아주 복잡하게 얽혀 있어서 이걸 풀어내기가 쉽지 않습니다. 내가 생각하는 방식, 감정을 느끼는 방식들이 나와 내 애인, 나와 내 배우자가 모두 다르기 때문입니다.

흔히 "부부는 일심동체다!" 이런 말이 있는데요, 이 말 때문에 너무 많은 오해가 생깁니다. 현실은 수십 년 다른 환경에서 살아온 사람이 같이 사귀고 결혼하게 되는 과정을 겪는 건데,

서로에게 지나친 기대를 하다 보면 상대방은 바뀌지 않는데 자꾸 변화를 요구하게 되고 그래서 갈등이 생깁니다.

연인이나 가족을 폭행하는 사람은 상대방이 맞을 만한 짓을 했다고 생각하거나 화를 내지 않았으면 때리지 않았을 거라는 주장을 펼 때가 의외로 많습니다. 피해자의 경우는 그런 주장에 압도되어 스스로 죄책감을 느끼게 되는 악순환에 빠지게 되는 거죠.

설사 말을 안 해도 내 맘을 알아주길 바라는 것은 너무 큰 욕심이죠. 애초에 그런 기대를 가지고 상대를 대하면 자꾸 실망만 할 뿐입니다. 일단 가까운 사이에서는 그만큼 갈등이 더 클 수밖에 없다는 것을 먼저 인정해야 합니다.

그다음, 이건 저렇고 내가 이 말을 했고 이런 사실관계를 파고들기보다는 서로의 감정을 인정하는 것이 중요합니다. 또한 상대에게 먼저 사과나 희생을 강요하지 않아야 합니다. 가까운 사이에서 폭행이 일어났다면 경찰이나 근처 보호센터의 도움을 받아야 한다는 것도 꼭 명심해야겠습니다.

■

11

파노플리 효과

존중이라는 이름의 소비욕구

프랑스 철학자이자 사회학자 보드리야르Jean Baudrillard는 인간이 물건을 구입하는 행동에서 본인의 내재된 자아가 투영된다는 파노플리 효과를 언급했습니다.

혹시 기억하시는지요? '한 땀, 한 땀, 장인의 손길로 만든 트레이닝복' 수년 전 인기몰이를 했던 드라마 〈시크릿 가든〉의 남자 주인공 대사입니다. 오랜 기간 대기를 해야 겨우 구할 수 있고, 뭇 여성들의 선망의 대상이라고 알려진 명품가방은 공

장에서 대량으로 찍어낸 물건이 아니라 명품 장인이 한 땀, 한 땀, 만든 작품이라고 합니다.

워낙 몸값이 귀해서 중고로 팔아도 이익이라며 명품으로 재테크를 한다고도 하고요. 품질도 좋아 보이고 나름 재산 가치도 있으니 이 얼마나 합리적인 소비인가요? 명품을 소비하러 가는 공간은 그 자체로 기분을 우쭐하게 만들어줍니다.

반질반질한 대리석 바닥에 서 있으면 마치 내가 중세의 귀족이라도 된 것처럼 직원들은 너무나 상냥하고 정중하게 대해줍니다. '이 정도 가방은 내 고생에 대한 정당한 보상이야'라고 마음속에서 다정하게 속삭이죠.

우리 사회가 빠르게 현대화가 되면서 수십 년 간 한 분야에서 신발을 만들고 맞춤옷을 제작해왔던 소위 '장인'들은 값

싸고 질 좋은 대량 생산의 물결에 밀려 힘을 잃고 사라져갔습니다.

정말로 오래 쓸 수 있고 장인이 만든 쉽게 볼 수 없는 디자인의 상품들이 명품과는 정확히 반대의 길을 걸었습니다. 그것의 중요한 핵심은 질이 얼마나 좋으냐? 장인이 만들었냐?가 아니라 '얼마나 다른 사람들이 부러워할 만한가?'이기 때문입니다. 이것을 우리는 '인정 욕구' 혹은 '자기 현시욕'이라고 부릅니다.

상담하러 오시는 많은 분들에게서 이런 모습을 발견합니다. 남편과 갈등이 있어서 마음이 우울한 한 중년 여성은 충분한 재력이 있는 것도 아닌데 빚을 내서 백화점에서 한 해 동안 수억 원의 카드를 썼습니다.

마음이 허전해질 때, 신상품이 나왔다는 연락을 받았을 때, 누군가가 평소 갖고 싶었던 명품 백을 든 것을 봤을 때 자연스레 백화점으로 향하게 됩니다. 이것을 우리는 '습관'이라고 하고 좀 어려운 용어로는 '절차기억'이라고도 합니다.

내가 뚜렷한 의지나 생각을 가지고 있지 않더라도 비슷한

행동을 특히나 스트레스 상황에서는 반복하게 되는 것입니다. 수억 원의 카드를 쓴 그 중년여성은 이렇게 말합니다.

"어디서도 제 존재를 인정받지 못하고 허전했는데 백화점에 가면 대접받는 느낌이 들고 직원들이 저에게 너무 친절하게 대해주세요."

여성만이 그런 건 아닙니다. 수입 외제차를 구입한 어느 중년 남성도 이렇게 말했습니다.

"평생 고생만 했는데 이 정도 외제차는 탈 만하다고 생각했어요. 이 정도 차를 탈 만한 사람이라고 사람들이 저를 봐주는 것 같아요."

명품 백을 들 때, 외제차를 탈 때 우리는 그 물건에 나도 모르게 동일시하게 됩니다. 내가 우쭐해지고 내가 명품이 된 것 같습니다. 자기 현시욕에 빠진 이 사회는 또 명품을 걸치고 외제차를 탄 사람들에게 지나치게 친절합니다.

백화점 대부분의 매출은 상위 10% 이내 고객에서 나온다는 것은 이제 영업 비밀도 아닙니다. 내가 좀 더 인정받고 싶어서, 내 발을 디딜 공간이 없어 허전한 마음에서 명품에 집착하고 외제차를 타고 과시할 뿐인데, 그 내면의 공허감을 우리는

내가 좀 더 인정받고 싶어서.
내 발을 디딜 공간이 없어 허전한 마음에서
명품에 집착하고 외제차를 타고 과시할 뿐인데.
그 내면의 공허감을 우리는 이해받을 곳이 없습니다.

이해받을 곳이 없습니다. 평생의 고생을 보상받고 싶고 인정받고 싶은 마음에서 외제차를 계약하고 귀가한 남편은 "차에 쏟는 관심 중 반이라도 나에게 보여달라"는 아내의 잔소리를 듣게 됩니다.

그런데 문제는 명품 백을 들고 외제차를 타서 얻게 된 자신감과 존중감은 끝없이 출시되는 신제품 가방과, 화려한 모터쇼에서 소개되는 신차 앞에서 맥없이 무너집니다. 계속 소비하지 않으면 마냥 친절했던 백화점 직원들이 내 곁에서 신기루처럼 순식간에 사라지는 것이죠.

그것이 바로 내 인생을 저당 잡힐 정도로 우리는 소비의 유혹에서 벗어나기 힘든 이유이기도 합니다. 내가 매번 소비를 하며 상대에게 인정받고, 존중받는 것들이 어쩌면 내 존재를 확인하는 것처럼 꼭 느껴지기 때문입니다.

12

경계 선호 현상

상대와의 안전거리는 내가 결정한다!

〈오페라의 유령〉 오리지널 공연 팀이 제가 사는 지역에 내한 공연을 왔을 때입니다. 운 좋게 앞좌석에서 관람한 동료가 화려한 의상이며 달콤한 선율로 지금까지 본 공연 중 최고였다고 입이 마르도록 저에게 칭찬을 했습니다. 귀가 솔깃해진 저는 부랴부랴 예매하기 위해 인터넷 창을 띄웠습니다. 그랬더니 무대가 잘 보이는 앞좌석과 중앙 좌석을 빼고, 잘 안 보일 것 같은 가장자리 좌석들만 남아 있는 게 아니겠어요?

'역시나 이런 경우는 좀 서둘러야 했어!'라고 후회하는 동시에, 한 가지 떠오른 생각들이 있었습니다.

'학생들의 강의, 직장에서의 월례회의, 각종 설명회 자리에서 사람들이 먼저 앉는 선호 좌석과는 정반대네?'

대학병원 전공의 시절 매달 교수님들의 강의가 늦은 오후 시간에 있었습니다. 물론 우리에게 좀 더 폭넓은 지식과 다양한 사례를 알려주시기 위해 마련된 '귀한' 시간이었지만, 하루 종일 환자진료와 잡다한 업무에 지친 전공의들에게는 에너지가 샘솟는 오페라 공연을 관람하는 것 같은 즐거운 자리는 아니었을 듯했습니다.

당시 전공의들 중 장을 맡고 있었던 저는 들어와서 출입구 가까운 가장자리에 엉덩이를 붙이는 후배들에게 제발 맨 앞자

경계 선호 현상

사람들이 어떤 넓은 장소의 구석 쪽이나 가장자리를 대체로 선호하는 현상으로 중국 작가 시무정의 심리학 저서에서 나의 안전을 먼저 확보하면서, 상대를 관찰하기 쉬운 위치를 확보하려는 인간의 고유 심리가 반영되었다고 설명함

리부터 채워달라는 사정을 해야 했습니다. 지금의 직장에서도 마찬가지로 교육이나 강의, 월례회의가 있을라치면 꼭 벽에 붙은 가장자리부터 채워집니다. 마치 파도가 지나가고 매끈하고 동그랗게 남겨진 모래사장처럼, 중앙 앞자리만 텅 비는 것입니다.

이런 현상을 심리학자들은 흔히 경계 효과, 혹은 에지 효과라고 설명했습니다. 좀 더 진화적 관점으로 보자면 데이비드 버스David M. Buss가 '사바나 이론'으로 설명하기도 했습니다. 최초의 인류가 살았던 곳은 사바나와 같은 초원이었을 가능성이 높은데, 그곳에서 인류는 좀 더 멀리 내다볼 수 있고, 안전하게 몸을 숨기거나, 비를 피할 수도 있는 나무 아래 혹은 나무 위에서 머무르는 것을 선호했을 거라고 말입니다.

공원이나 광장에서도 우리는 공원이나 광장 한가운데 앉아 있으면 왠지 모르게 불편함을 느낍니다. 인기가 좋은 좌석은 광장이나 넓은 잔디가 바라보이는 구석 자리입니다. 카페나 식당에서도 맨 중앙 자리보다 구석 가장자리나 창가 자리가 가장 먼저 예약됩니다.

아파트나 건물에서도 이제는 조망권이 굉장히 중요한 가치에 들어갑니다. 시원한 한강이 바라보이는 뷰라든지, 해운대 백사장이 한눈에 들어오는 뷰는 같은 아파트나 건물이라도 그 가치가 훨씬 높습니다. 큰 기업 CEO의 집무실이 고층이며 창이 많은 공간인 것도 같은 이유고요. 병원에서도 창이 있는 가장자리 공간에 병실을 만들고, 남는 공간을 이용해 만든, 건물 중앙의 하루 종일 해가 비치지 않는 공간이 주로 전공의들의 휴게실로 쓰입니다.

그곳은 시계를 보지 않으면 낮인지 밤인지 구분할 수가 없었는데 늘 수면이 부족한 전공의들의 쪽잠을 위해서는 오히려 좋은 공간이었을지도 모르겠네요! 어쨌든 병원에서도 인기가 좋은 자리는 창가 구석자리죠. 한눈에 병실을 바라볼 수 있고, 눈을 돌리면 창밖 풍경을 내다볼 수 있어 사바나 이론에 따른 안정감을 느낄 수 있기 때문입니다.

실제로 창으로 숲이나 풍경을 내다볼 수 있는 곳의 병상에서 치료를 받은 환자들이 그렇지 못한 환자에 비해 치료 속도가 더 빨랐다는 연구도 있습니다. 입원한 지 몇 주 만에야 퇴

원한 사람이 있는 틈을 타 창가 자리로 옮긴 환자분에게 나도, "좋은 자리로 옮기셨네요!" 하고 절로 인사를 건네게 되는 이유기도 합니다.

하지만 창이 내다보이고 몸을 숨길 수 있는 구석자리에서는 지나친 편안함을 우리에게 안겨주기 때문에, 그곳에서 뭔가를 집중해야 한다면 금방 졸리게 될 것이라는 점을 감안하셔야 합니다!

13

밴드 웨건 효과

요즘 이게 잘 나가는 거라며?

얼마 전 SNS에 지인이 글을 올렸습니다. 외국의 유명한 저자가 쓴 보기 드문 통계학에 대한 아주 유용하고 자세한 내용의 책인데 힘들게 번역해서 내놓았지만 수년간 판매율이 저조해서 1쇄를 끝으로 절판될 예정이라고요. 서점에 재고가 몇 권 남지 않았으니 지금이라도 관심이 있는 분들은 참고하라는 내용이었습니다.

그 글을 보는 순간 평소에 통계학에 크게 관심이 없고 당분

간은 의학 논문을 쓸 예정이 없던 저였지만 '이렇게 좋은 책을 번역서로 볼 수 있는 마지막 기회! 앞으로는 힘들게 원서를 봐야 하니 소장해야 하지 않을까?'라는 마음속 속삭임을 무시할 수 없었습니다.

저는 재빨리 구매하기를 클릭했고 주문에 성공하여 '이제 구매했으니 앞으로 필요할 때는 언제든 꺼내 볼 수 있겠지!' 하고 안도했습니다. 그런데 며칠 뒤 서점으로부터 책이 품절되어 배송이 불가하다는 연락을 받았는데요, 어찌나 아쉽던지요. 마치 통계학을 평소 열심히 공부하고 필요로 했던 사람처럼 말입니다.

그런데 아마도 SNS를 보고 저와 같이 생각한 사람이 많았던 모양입니다. 그로부터 1~2달 뒤 지인으로부터 연락을 받았습니다. 출판사에 출간요청이 쇄도해서 다시 2쇄에 들어갔다

밴드 웨건 효과

대열의 선두에서 행렬을 이끄는 밴드 웨건을 보고 사람들이 호기심을 느끼는 것처럼, 어떤 재화에 대한 수요가 많아지면 이에 편승해서 대중들이 수요를 증가시키는 현상

고요. 지금 구매가 가능하다는 반가운 소식이었습니다. 그런데 신기하게도, 그 소식을 듣자 '그래, 언제든지 구매할 수 있으니 지금이 아니라도 괜찮지, 통계학에 관심이 생기면 그때 구매하자. 책을 꽂아둘 곳도 꽉 찼으니……' 이런 생각이 드는 것이 아닙니까? 그제야 저는 구매욕구가 불타올랐던 순간이 나도 모르는 사이에 '마지막 기회' '한정 수량'이라는 말로 인해 밴드 웨건 효과에 넘어갔었던 것을 알게 되었습니다.

이 단어는 놀이공원에서의 주요 볼거리 중의 하나인, 퍼레이드 행렬의 맨 앞에 화려하고 요란스러운 모습으로 사람들의 주목을 끄는 밴드 웨건을 빗대어 유행을 쫓아가려고 하는 사람들의 심리를 나타낸 말입니다.

이같은 심리는 우리 일상생활 곳곳에서 볼 수 있습니다. 한정판 기념품을 사기 위해 밤을 새워 줄을 서고, 텐트를 설치하고 잠을 잤다는 소식은 이제 놀랍지도 않습니다. 음식도 마찬가지입니다. 대중적으로 인기를 얻는 '인플루언서'가 맛있게 먹었다는 소문으로 인해 삽시간에 비슷한 메뉴가 줄이어 출시됩니다. "요즘엔 이런 것이 유행이래!"라는 말을 듣고 맛보았던

간식들이 몇 달 뒤 방문했을 때는 이미 다른 새로운 아이템으로 바뀌어버린 모습들을 심심찮게 볼 수 있습니다.

왜 우리는 자연스레 주위 사람들이 열광하는 것을 선호하게 되고, '한정 수량'이라는 말에 그토록 매료되는 것일까요? 다미주 이론으로 유명한 정신과 의사인 스티븐 포지스Stephen W Porges는 포유류에게 가장 고통스러운 것은 '고립과 감금'이라고 했습니다. 인간인 우리는 같이 있을 때 행복을 느끼고 무엇인가를 공유할 때 즐겁습니다.

누군가에게 인정받는다는 것은 힘든 일도 헤쳐나가게 하는 큰 원동력이 되죠. 그런 면에서 볼 때 많은 사람들이 좋아하고 열광하는 것을 내가 하게 된다면 매우 든든한 동지가 생기는 셈입니다. 특히나 마음이 힘들 때, 괴롭고 불안할 때 우리는 특히나 더 주위의 영향을 많이 받게 됩니다. 여러 가지 스트레스로 가뜩이나 힘들 때 고립이 되거나 소외되는 느낌은 우리를 더 힘들게 합니다. 일단 다수가 열광하는 것을 선택하는 순간 나는 큰 무리에 들어가게 되는 것입니다.

내가 선택한 것을 많은 대중들도 좋아한다면 왠지 마음이 든든해집니다. 제가 근무하는 병원에서 의사결정을 하기 위해

사람들과 회의를 하다 보면 늘 의견이 엇갈리기 일쑤였습니다. 내 의견을 관철시키기 위해서는 많은 사람들을 설득해야 하고 때론 식은땀이 나는 상황도 많습니다. 그럴 때 가장 주목받는 발언은 "다른 곳도 이미 그렇게 하고 있대요" 혹은 "원래 하던 대로 결정했습니다"입니다. 다른 곳도 하고 있다는 것은 '우리도 이미 대열에 합류했어!'라는 안도감을 안겨주고 '원래 하던 대로!'라는 말은 이미 조직원 다수가 익숙해서 저항이 없다는 뜻이니까요.

얼마 전, 제가 상담하는 날에 예약환자들이 우연히 많았습니다. 예약을 하지 않고 와서 제법 긴 시간을 대기하다 저에게 처음 상담오신 분께 물었습니다.

"오래 기다리셔서 힘드셨죠?"

그랬더니 그분이 말씀하십니다.

"밖에서 기다리는 분들이 선생님이 상담을 잘하신다고 하시더라고요. 오래 기다리더라도 주위에서 추천받은 선생님에게 꼭 상담을 받고 싶었어요!"

이처럼, 병원에서도 평소 대기가 많은 의사들에게만 환자

가 유독 몰리는 밴드 웨건 효과가 나타나는 중입니다. 여기서 꼭 명심해야 할 것은 다수의 사람들이 열광하는 것이 반드시 최고의 선택은 아니라는 것이며, 무엇보다도 스스로의 고민으로 내린 선택과 노력들이 어떠한 결정을 할 때 제일 중요하다는 사실입니다.

휴식-휴가

Q. 휴식이나 휴가 후, 규칙적인 생활로 빨리 복귀하는 방법?

보통 휴가철이 되면 평소 긴장된 일상에서 좀 느슨하게 풀어지고 그래서 규칙적인 생활이 안 되는 경우가 많은 것 같습니다. 긴장이 너무 풀린 탓에 지나친 과음으로 문제가 생기기도 하고 평소 일하던 습관처럼 휴가도 무슨 숙제하듯이 여행 일정을 너무 빡빡하게 짜서 오히려 휴가에서 더 피로를 느끼는 분들도 계십니다. 이로 인해 가족 내에서 갈등이 생기기도 하고 모처럼의 휴가에서 싸움이 발생하기도 하고요.

휴가라 하더라도 수면, 식사 등 평소의 리듬을 잘 지키는 것이 중요하구요, 꼭 어디 멀리 새로운 곳을 방문하는 것이 의미

가 있는 것이 아니라 내가 충분히 쉬고 즐겁다면 그냥 집에서 쉬면서 독서를 하는 것도 충분히 좋은 휴가가 될 수 있습니다.

휴가 중에 힘든 것은 우리의 자연스런 수면 주기를 거스르기 때문인데요, 자연스럽게 깨어 있고 잠들고 이런 반복되는 게 해외로 여행하면 깨어지기 때문에 힘들게 됩니다. 우선 수면 주기에 대해 설명을 드리면요, 매일 등교를 하거나 출근을 할 때 규칙적인 생활을 하다가 방학이 되거나 휴가가 되어 자고 싶을 때 자고 일어나고 싶을 때 일어나게 되면 점점 잠자는 시간이 늦춰지는 경험을 대부분 해보셨을 겁니다. 수면 주기가 점점 늦춰지다가 낮밤이 완전 바뀌어 병원을 찾는 분들도 계시거든요.

그 이유는 우리 수면 주기의 리듬이 하루보다 1시간이 긴 25시간 정도 되기 때문입니다. 우리가 애써 하루하루 같은 시간 일어나는 습관을 들이지 않으면 자연스럽게는 매일 한 시간씩 잠자는 시간이 늦춰질 수 있는 겁니다.

그렇기 때문에 우리가 서쪽으로 여행을 하면 하루가 길어지는 셈이어서 우리 몸의 시계가 적응하기 쉽고, 동쪽으로 가

면 리듬을 거슬러서 가기 때문에 더 적응이 힘듭니다. 즉, 우리가 유럽 쪽으로 여행을 간다면 갈 때는 적응에 수월하고 돌아올 때는 힘들다. 이렇게 보면 되겠습니다.

또한 기존에 우울증이나 불면증이 있으시던 분이라면 더 고생하실 수 있기 때문에 복용하던 수면제는 가능한 한 복용하시도록 설명을 드리지만, 그렇지 않은 경우에는 여행을 가서 그쪽 시간에 가급적 적응하도록 하는 노력을 하는 것으로도 극복이 될 수 있습니다. 여행을 가기 전부터 서쪽으로 여행하는 경우는 조금씩 일찍 일어나는 연습을 하고 돌아올 때는 반대로 연습하는 것이 도움이 됩니다. 당연히 여행지에서 과도한 음주나 카페인 섭취도 조심하는 것이 좋습니다.

휴가, 여행, 휴식 등이 우리의 삶에 꼭 필요하긴 하지만 그 기간 동안 지나치게 무리를 하거나 불규칙하게 생활한다면 우리의 자율신경계 리듬 즉 심장박동, 혈압 등의 기본적 신체활동이 깨지게 되거든요. 그래서 문제가 되는 겁니다.

심리적으로는 또 '내년 휴가만 바라보는데 어떻게 내년을 기다리지?' 이런 마음이 들 수도 있습니다. 심하게는 휴가지에

서부터 복귀해서 처리해야 할 일에 대한 걱정으로 쉽게 쉬지 못하거나 회사일이 머리에 맴돌아 회사에 자꾸만 전화를 걸어 일이 잘 처리되는지 확인하는 분들도 계십니다.

혹은 휴가지에서 편하게 지내지 못하고 뭔가 모르게 불안을 느끼거나 소화불량을 보이는 분들도 계신데요, 보통 일중독에 빠진 분들이 이런 모습을 보입니다. 휴가만 기다리다 휴가를 다녀와서 업무에 적응을 못하는 분이나 일에 너무 몰두해서 휴가조차도 편하게 가지 못하는 분들 모두 일과 휴식의 밸

런스가 부족하다고 할 수 있습니다.

중요한 것은 휴가 때 멀리 여행을 떠나건 집에서 쉬건 규칙적인 생활을 해야 하며, 하루 종일 집에서 잠만 잔다든지 혹은 무슨 일을 하듯 아주 빠듯한 일정으로 여행을 계획하는 것은 그리 좋지 않습니다.

휴가란 평소 심리적으로 지친 상태에서 에너지를 얻는 것이기 때문인데요, 이왕 휴가를 갔다면 일에 대한 생각은 하지 않는 게 좋습니다. 또한 복귀 전날은 가급적 무리하지 않고 집에서 쉬면서 다시 규칙적인 생활리듬을 찾는 것이 휴식-휴가 후 증후군에 빠지지 않는 현명한 지름길입니다.

내로남불이 판치는 세상

14

행위자-관찰자 효과

남이 하면 미친 불륜,
내가 하면 진심 사랑

제가 진료하는 상담실에는 뱅갈고무나무와 비누꽃으로 만든 꽃바구니, 몇 송이 꽃이 꽂힌 작은 화병이 있고, 잠시 침묵이 흐를 때는 창문 넘어 지저귀는 새소리가 공간을 메워줍니다. 저에겐 늘 같은 공간이지만, 찾는 사람들마다 반응은 가지각색입니다.

"선생님 언제부터 꽃바구니가 놓여 있었어요?"

"오늘따라 조명이 너무 따뜻하게 느껴지고 위로 받는 느낌

이에요!"

"새소리가 너무 좋게 들려요!"

"선생님 오늘은 많이 피곤해보이시네요? 힘드신가 봐요?"

"이상하게 오늘따라 자리가 불편하게 느껴져요!"

이들의 이런 반응은 상담의 중요한 소재가 될 뿐 아니라 사람들의 시야에 보이고 느껴지는 모든 것이 본인들의 마음이 투영된 것이란 걸 저는 이제 알고 있습니다.

자신의 마음이 즐겁고 여유가 많아지면 몇 달째 놓여 있어도 눈에 띄지 않던 상담실의 꽃이 오늘에서야 시선을 사로잡는 법입니다. 내 마음이 슬프고 괴로우면 상대의 얼굴에 드리워진 고뇌나 피로가 이상하게 더 잘 느껴지는 법입니다.

미국 작가인 말콤 그래드웰 Malcolm Gladwell 은 그의 책에서 점

행위자 - 관찰자 효과

어떤 문제가 발생했을 때, 그 문제가 나에게서 또는 상대에게서 발생한 문제이냐에 따라 현상을 다르게 받아들이는 효과로 나에게서 일어난 문제는 운이나 환경으로 돌리고, 상대의 문제는 그냥 상대의 탓으로 하려는 내적 성향

심 식사 전에 법원의 보석 석방률이 더 떨어지는 것을 지적하기도 했는데요, 누구나 배고프고 피곤하면 더 깊이 생각하고 싶어 하지 않고, 늘 하던 대로 판단하고 빨리 처리되기를 바라는 됩니다.

사람들은 각자의 렌즈를 가지고 있습니다. 어떤 일에 대해서 한 사람은 광각 렌즈를 바라보며 얘기를 하고 어떤 사람은 단 렌즈를 보며 대화를 한다면 서로 소통을 제대로 할 수 있을까요? 사람을 비롯한 모든 생명체가 자기 중심적 편향을 가지고 있습니다. 생태계에서 어떡하든지 살아남기 위해서라면 너무 당연한 건지도 모르겠습니다. 사실 그렇게 만들어진 자연의 질서는 평화로울 뿐이니까요.

《바이러스 폭풍의 시대》라는 저서에서 네이선 울프Nathan Wolfe는 인간이 비행기를 타고 다니면서 신발에 묻힌 흙의 미생물이 반나절 만에 지구 반대편으로 이동하면서 전염병을 퍼뜨려, 양서류 한 종이 멸종한 것을 말하며, 인류에게도 언제든지 나타날 수 있는 펜데믹을 경고했습니다.

그렇지만 그런 학자의 경고는 우리에게 커피를 마시며 나

눌 수닷거리도 되지 못했습니다." 인류의 펜데믹 발생위험을 줄이려면 해외여행을 좀 줄여야 해!"라고 누군가 몇 년 전 말했다면, 지나치게 고리타분한 사람 취급받거나, 누군가의 여름 휴가 계획에 셈이 나 하는 말 정도로 여겼을 겁니다.

그렇지만 정작 메르스나 코로나 바이러스가 강타했을 때는 어떤가요? 당장 우리의 생존을 위협하는 바이러스에 대해서는 전 세계가 난리법석입니다. 주변에 아는 사람이 감염되어 쓰러졌다는 소식을 들으면 누구라도 공포심을 느낄 수밖에 없습니다. 이렇듯 우리는 늘 자기 편향적인 사고를 가질 수밖에 없는 것이죠.

정확히 객관적인 상황이란 것이 과연 존재할까요? 10명 정도만 모여서 회의를 해도 한 시간쯤 흐르고 다시 질문을 해보면 "저랑 관련 없는 거 같아서 제대로 안 듣고 있었어요"라든지 "한 번 더 정리해주세요"라는 반응이 부지기수이고, 의견을 모아보자고 꺼낸 주제에서 평소 본인의 불만들을 터트리는 통에 회의가 산으로 가기 일쑤입니다. 특히나 감정적으로 좋지 않은 상태에서는 우리의 렌즈는 과도하게 왜곡되기가

많이 우울하거나 스트레스가 심한 상태에서
긍정적이고 아름다운 것보다는
부정적이고 위협적인 것에 더 예민해집니다.
그것이 우리의 생존에 도움이 되기 때문에
우리 몸에 새겨져 있는 것이죠.

쉽습니다.

많이 우울하거나 스트레스가 심한 상태에서 긍정적이고 아름다운 것보다는 부정적이고 위협적인 것에 더 예민해집니다. 그것이 우리의 생존에 도움이 되기 때문에 우리 몸에 새겨져 있는 것이죠. 원시시대에 호랑이 무늬와 비슷한 문양을 나뭇잎에서 발견했을 때, 발견자가 놀라서 먼저 피하는 것이 유리했던 것처럼 말입니다.

그런데 여기서의 핵심은 현대사회는 밀림이 아니라는 데 있습니다. 우리는 내 위주의 이기적인 편향만 가져서는 주변 사람들과 잘 어울리고 인정받을 수 없다는 것을 이미 잘 알고 있습니다.

나만의 렌즈로 세상을 바라보고 비슷한 렌즈를 가진 사람들끼리 모여, 다른 렌즈를 가진 상대방에게 혐오를 날리는 일이 지금도 우리 사회에서는 많이 일어나고 있습니다. 한시라도 빨리 내가 누군가에게 상처를 준 적은 없었나? 자신을 돌아보는 것이 나에게도 언제, 어디서 날아올지 모르는 누군가의 위협을 막아내는 유일한 방법입니다.

15

신데렐라 콤플렉스, 아도니스 콤플렉스

남이 하면 미친 불륜, 내가 하면 진심 사랑

평소 심리 상담을 시작하기 전에, 좀 더 다양한 방법으로 마음을 들여다보기 위한 심리 검사들이 몇 가지 있습니다. 그중 문장완성 검사라고 해서 빈칸을 자유롭게 적는 검사가 있습니다. 그중 한 가지 질문은 '내가 바라는 것은 ______이다'인데, 이 칸을 '내가 바라는 것은 재벌 2세로 태어나는 것이다', '내가 바라는 것은 로또에 당첨되는 것이다', '내가 바라는 것

은 부자와 결혼하는 것이다' 등의 답으로 채워놓은 것을 최근 자주 보게 됩니다.

'이생망'이라고 해서 이번 생에 대한 미련을 버리는 비관적인 유행어가 회자되고 있습니다. 세상이 갈수록 각박해지다 보니 내가 스스로 뭔가를 성취해서 이 힘든 사회에서 버티는 것이 너무나 힘들어 보입니다. 그러다 보면 누구나 다양한 판타지를 꿈꾸게 됩니다.

'로또에 당첨만 된다면……' 하고 간절히 바라면서 매주 로또를 살 수도 있겠고, '멋진 왕자님 같은 사람이 짠 하고 나타나서 나는 행복하게 주부로서 삶을 누리는 거야, 토끼 같은 아이들 키우면서 말이지' 이런 상상을 하면서 즐거워할 수도 있

신데렐라 콤플렉스

자기 인생을 변화시켜 줄 왕자님을 기대하는 여성의 심리로 남성에게 의존된 삶을 추구하려 함

아도니스 콤플렉스

주로 남성들이 외모 등에 집착한 나머지, 강박과 우울, 심한 경우 외부와 단절, 대인 기피증 등을 보일 수 있음

습니다. 또 '우리 아이가 세계적 스타가 되어 나는 그 부모로서 큰 부자가 되고 유명해지는 거야'라는 환상에 빠지는 사람들도 있습니다.

그러나 그런 판타지는 진짜로 꿈과 같은 것, 친구들과 커피 한잔하면서 나눌 수 있는 소소한 수다 소재 정도로 족합니다. 딱 거기까지이죠. 그런데 그것이 판타지를 벗어나 현실 속으로 꿈틀꿈틀 슬며시 발을 내미는 순간 고통이 찾아옵니다.

"선생님 제가 욕심이 많은 건가요? 그냥 평범한 남편을 만나 행복한 가정을 꾸리고 저는 남편의 뒷바라지하고, 아이들 키우면서 살고 싶은 게 지나친 건가요? 저는 왜 평범한 꿈조차 이룰 수가 없나요?"라는 질문을 하는 분들이 많습니다.

부모가 재벌이었으면, 아니면 배우자가 건실하고 돈을 잘 벌어서 나는 그냥 보조만 하면 좋을 텐데……. 이런 달콤한 소망에서 우리가 괴로운 것은 그 스토리에서 내가 주도적으로 할 수 있는 것이 없다는 것에 있습니다. 연애나 결혼, 부모와 자식 관계는 내가 힘들다고 도망갈 수 있는 어떤 도피처가 아닙니다. 그런데 내가 상상하는 판타지를 만들어두고 눈앞에 나

타나주면 좋을 텐데 하고 바라는 순간, 우리는 현실과 판타지 사이의 너무나 넓은 간극에서 괴로워하게 됩니다.

수많은 SNS 속의 사진들은 타인들이 얼마나 행복한 삶을 사는지 속삭입니다. 사진 속의 멋진 왕자들이 늘 유리구두를 들고 신데렐라를 찾고 있는 것처럼 보이지요. 영화배우인 찰리 채플린Charles Chaplin은 멀리서 보면 희극이고, 가까이서 보면 비극이라는 말을 했습니다.

SNS 속에서 활짝 웃으며 남들에게 보여지기 위해 행복을 만들어내는 사람들이 상담을 와서 쏟아내는 얘기들은 모두 비극입니다. 비극은 남들에게 절대 내보이고 싶지 않습니다. 그렇죠. 우리는 각자 모두가 그런 어려움을 가지고 있다는 것을 알 수 있어야 합니다.

내 안의 있는 그대로 모습을 보고 첫눈에 반해, 내 발이 잠시 닿았던 유리구두를 소중히 간직하며 애타게 찾는 왕자는 판타지 속에서만 존재합니다. 현실 속의 왕자는 아마 '감히 나 같이 멋진 존재를 버리고 12시에 말도 없이 사라져버리다니!' 하고 분개하며 그 사실이 참을 수 없을 것입니다. 모든 여성들이 흠모해야 하고 나만큼 멋진 사람은 없다는 아도니스 콤플

결국, 내 스스로를 사랑하지 못하고

꿈속의 왕자님이 들고 있는

유리구두에만 발을 맞추려고 한다면,

어느 순간 우리는 준비도 없이 판타지 밖으로

가혹하게 내쫓기는

현실 속의

신데렐라가 돼버릴지도

모르겠습니다.

렉스에 빠진 왕자는 큰 자기애적 상처를 입고는 자신 앞에서 홀연히 사라진 여인을 찾고 싶어 하는 것입니다. 그것은 사랑이나 애타는 열정의 옷을 입었지만 인정욕구일 뿐이고, 상처가 나버린 자존심일 뿐이죠.

결국, 내 스스로를 사랑하지 못하고 꿈속의 왕자님이 들고 있는 유리구두에만 발을 맞추려고 한다면, 어느 순간 우리는 준비도 없이 판타지 밖으로 가혹하게 내쫓기는 현실 속의 신데렐라가 돼버릴지도 모르겠습니다.

16

그레셤의 법칙

나만 가만히 있으면
바보 되는 요즘 세상!

몇 년 전, 가족들과 해외여행을 갔을 때였습니다. 독특하게 산 정상에 자리한 놀이동산이었는데 케이블카를 타고 올라가는 풍경이 너무나 멋진 곳이라 전 세계에서 온 관광객들로 매우 붐볐습니다. 케이블카를 타고 다시 내려가기 전 저는 잠시 공중 화장실에 들렀습니다.

화장실 내에는 10칸 정도 적지 않은 수의 칸막이가 있었지만 모두 사용 중이었고, 누군가가 입구에서 줄을 서 있었습니

다. 저는 자연스레 그 뒤에 섰지요. 그런데 몇 분 뒤 입구로 5, 6명의 관광객 무리가 우르르 들어왔습니다. 그런데 이분들은 제 뒤로 줄을 서지 않고 곧장 개별 칸막이 문 앞으로 흩어져서 한 명씩 서는 게 아니겠습니까?

그러자 이후로 들어오는 사람들도 자연스레 흩어져 개별 문 앞에 서기 시작합니다. 저는 슬슬 불안해졌습니다. '아 이분들은 한 줄 서기 문화가 없는 나라에서 오셨나 보다!', '나만 손해 볼 수 없지! 이대로 서 있다가는 언제 들어갈지도 모르겠어!'라고 판단한 저는 얼른 대기자가 없는 칸 앞에 섰습니다. 재빠르게 행동한 덕분에 저는 곧 이어서 사용할 수 있었고, 제가 나가면서 보니 처음부터 줄을 서 계셨던 분은 당황한 기색으로 혼자서 한 줄 서기를 계속하고 있었습니다.

그레셤의 법칙

유명한 심리 이론인 '그레셤의 법칙Gresham's law'에서 금으로 만든 주화는 사람들이 서로 집에 숨겨둔 탓에 값싼 재료로 만든 주화가 더 유통이 됩니다. 이런 현상을 우리는 주위에서도 얼마든지 볼 수 있는데요, 제가 처음에 예로 든 사례에서도 마찬가지입니다.

제가 어렸을 때만 해도 우리나라에는 화장실에 한 줄 서기 문화가 없었습니다. 들어가서 대기자가 없는 화장실 개별 칸 앞에 서 있으면 운 좋게 빨리 들어가기도 하고, 앞사람이 화장실 안에서 무한정 명상 중이면 그냥 늦어지기도 했습니다.

'그것도 운에 따른 거니 나름 공평해!'라고 할 수 있지만, 좀 더 공평하게 질서를 따르자는 의미로 화장실 한 줄 서기 캠페인이 어느샌가 우리 문화로 자리 잡았습니다. 지금은 누구라도 화장실에서는 한 줄 서기 한다는 서로간의 믿음과 신뢰가 있습니다. 그렇지만 그중 아주 소수라도 그 규칙을 깨버리면 삽시간에 순서가 무너지게 되죠.

직원들의 출, 퇴근을 온라인으로 등록하는 인식 시스템을 도입하는 회사가 많이 늘어났습니다. 과거에는 출근할 때 주변

동료들에게 아침인사를 하는 것으로 출근 도장을 찍었습니다. 서로 간의 신뢰가 있었기 때문이죠. 그런데 점차 조직이 커지고 서로 간의 소통이 사라지면서 허술한 조직의 시스템을 악용하는 사람들이 생기기 시작했습니다.

허술한 관리 시스템을 악용해서 회사에서 연가보상비를 타내려다 발각된다든지, 퇴근 후 몇 시간 뒤 다시 회사로 들어와 지문만 찍고 각종 수당을 탄다든지 이렇게 제도를 악용하다 적발된 씁쓸한 기사들을 신문에서 드물지 않게 접합니다. 우리는 그 기사를 보고 '이거 너무한 거 아니야? 너무 비양심인데!'라고 느끼지만 마음속에선 '세상은 원래 그런 거야! 너만 곧이곧대로 하다가 계속 손해 볼지도 몰라!'라는 악마의 속삭임을 동시에 듣게 됩니다.

서로간의 믿음과 신뢰는 정말 힘들게 만들어집니다. 그레셤의 법칙이 유래된 과거 금화 제작과 같이 믿음과 신뢰를 주고받다가 불신과 꼼수라는 값싼 주화가 부각되는 순간, 비싸게 제작된 금화는 집안 금고 안에서 그냥 잠자게 되는 겁니다.

17

가스 라이팅

“나한테 네가 전부인 거 알지?”

“내가 얼마나 너를 아끼는데, 나만큼 너를 사랑하고 아끼는 사람이 있겠어?”

“넌 항상 나에게 좋은 기운을 주는 사람이었는데 요즘 왜 그러니?”

“네가 떠난다면 난 이 세상을 등질지도 몰라…….”

“사람들이 다 너에 대해 험담을 해. 너 생각해주는 사람은

나밖에 없어."

"선생님, 이런 말을 들으면 저도 모르게 마음이 약해지고 괴롭다가도 떠날 수가 없어요……."

상담실에서 내담자들에게 흔히 듣게 되는 말들입니다. 부모 자식 간, 부부 사이, 연인 사이 혹은 친구 사이나 직장 내 관계에서도 나타나기도 합니다. 이런 영향력을 끼치는 사람들은 교묘하게 상대의 마음을 사로잡아서 자기가 원하는 대로 행동하게 하고 그러지 않을 때는 굉장히 죄책감을 느끼게끔 합니다. 의식적이기도 하고 무의식적이기도 하죠.

가스라이팅이라는 말은 패트릭 해밀턴Patrick Hamilton의 연극

가스라이팅

'가스등'이란 소설에서 유래한 용어로 타인의 심리나 상황을 교묘하게 조작해서 그 사람이 현실감과 판단력을 잃게 만들어 결과적으로 정신적으로 황폐화시키고 파국으로 몰아가는 상황을 일컬음

〈가스라이트〉에서 유래가 되었는데요, 주인공인 아내는 남편에게 점차 정서적으로 구속되어 갑니다. 남편은 보석을 훔치기 위해 아내 몰래 위층에 올라가서 불을 켜는데, 당시 아파트는 다른 곳에서 불을 켜면 가스등이 어두워졌다고 해요. 가스등이 어두워진 것을 느낀 아내가 이를 말하자 남편은 착각하고 있다며 무시를 합니다.

이에, 아내는 스스로를 자책하며 더욱 남편에게 의지하게 됩니다. 두 사람은 상대를 교묘하게 자신에게 굴복하도록 만드는 가해자와 정서적으로 조정당하는 피해자와의 관계로 볼 수 있습니다. 수십 년 전 소설이지만 현대에서도 굉장히 흔하게 나타나는 현상을 그리고 있습니다.

이를 테면 연인관계에서 지나치게 행동이나 말, 옷차림 등을 간섭하고 가해자가 원하는 대로 행동하지 않으면 비난을 하기도 합니다. 피해자는 서서히 그 지배력하에 놓이게 되면서 본인도 모르는 사이 가해자가 원하는 대로 행동하고 느끼고, 심지어는 그대로 따르지 못했을 때 죄책감을 느끼기도 합니다.

부모와 자식 간에서도 흔하게 나타날 수 있습니다. 자녀를 정서적으로 구속하는 부모들이 자주 하는 말은 "나만큼 너를

잘 아는 사람이 있을 거 같아?" "내가 그동안 너를 위해서 얼마나 애를 썼는데" 등입니다.

매우 긴밀한 관계인 연인이나 가족 간에서는 가해자의 요구를 거절하지 못하고 피해자는 점차 무기력해지는데요, 스스로의 능력이나 기억을 의심하기도 하고 가해자만이 자신을 이해해주는 사람이라고 여기며 더욱 지배력 아래 들어가게 됩니다. 실제로 이런 상황에 놓여보지 않은 사람들은 "왜 그렇게 끌려 다니죠? 단호하게 관계를 끊어야죠"라고 쉽게 말하기도 하는데요, "이런 상황이야말로 겪어보지 않으면 모른다"라고 말할 수 있습니다.

우선 가해자들은 왜 그런 행동을 할까요? 상황마다 다르겠지만 대체로 가해자들은 나르시시스트의 성향을 가졌다고 알려져 있습니다. 이들은 대인관계에서 착취적이고, 끊임없는 존경과 찬사를 요구하는데요, 그만큼 내부의 인정 욕구가 너무나 강하고 충족이 쉽지 않기 때문에 주위에서 그 만족을 채워줄 사람이 계속 필요한 상태인 겁니다.

그렇다면 '그런 사람들은 멀리하면 되겠네요?'라고 생각할

수 있는데, 그게 쉽지 않습니다. 우리가 처음 만나거나 피상적인 관계에 있을 때는 상대가 나르시시스트인지 알 수가 없기 때문입니다. 이들은 피상적 관계에서는 매우 친절하고 매력적이며 멋있어 보이는 모습을 가지고 있을 수 있습니다. 그런 무기로 일단 관계가 형성이 되고 나면 서서히 영향력을 끼치게 되는 것이죠.

다시 또 이런 질문을 해볼 수 있을 것 같아요. 왜 피해자들은 그런 건강하지 못한 관계에 이끌리게 되는 걸까요? 그것은 우리의 마음의 지도가 각기 다르기 때문으로 볼 수 있습니다. 스스로 자존감이 높고 건강한 마음의 지도를 가진 사람들은 지도의 도움을 받아 다양한 곳을 탐험하고 사람들과 관계를 잘 형성해나갈 수 있습니다. 그런데 마음의 지도에서 보이는 길이 비탈길이나 오솔길, 혹은 따라가 보면 절벽으로 이어졌다면 어떻게 될까요? 내 마음이 끌리는 데로 가보았지만 힘든 관계 때문에 속앓이를 하게 되는 겁니다.

아동의 애착을 연구한 메리 에인스워스Mary Ainsworth 등은 아동의 애착 유형인 안정된 애착, 회피 애착, 불안 애착이 성인

에서도 이어진다고 했습니다. 누군가와 관계를 맺는 방법이 사람마다 어린 시절부터 형성되어 유지된다는 것입니다. 그 관계의 기초는 태어나서면서 주로 돌봐준 사람과 사이에서 만들어지기 마련이라, 오랜 세월 이어져 온 부모, 자식 간에 나타나는 가스라이팅을 해결하는 게 제일 힘든 과제이기도 합니다,

실제로 대니얼 시겔Daniel J. Siegel 등은 연구를 통해 양육자로부터 정서적으로 무시를 받으며 자란 경우 뇌에서 사람들 간의 관계와 그것들의 경험을 가치 있다고 여기지 못한다고 말하기도 했습니다. 이처럼 나에게 도움이 되는 건강한 관계의 마음지도가 그려지지 못한 경우, 내 마음을 강하게 위로해주었다가 또 지배하며 통제하려는 사람에게 이끌리게 된다고 볼 수도 있습니다. 구체적으로 살펴보자면 스스로에 대해서 자신이 없을 때 누군가에게 의지하고 싶은 마음이 들 때, 혹은 자신의 도움이나 위로를 매우 바라는 사람을 통해 보람을 느낄 때 등으로 설명할 수 있습니다. 이럴 때 마치 열쇠와 자물쇠처럼 가스라이팅을 당하는 관계에 빠지기 쉽습니다.

처음부터 스스로가 가스라이팅을 당하고 있다고 알기란 어

렵습니다. 그렇지만 어느 순간 스스로가 무기력하게 느껴지고 그 사람 앞에서는 초라한 감정이 자꾸 들고 절절매며 사과하는 모습을 자주 발견하게 될 때 비로소 깨닫게 되는 겁니다. 가스라이팅에서 벗어나려면 우선은 가해자로부터 거리를 두는 것이 필요합니다. 내 감정이 지나치게 자극받거나 다치지 않게 마치 전선을 고무로 감싸듯이 나를 튼튼하게 보호해주는 것이 필요한 거죠. 누군가에게 지나치게 의지하거나, 지켜주겠다는 마음을 버리고 타인과 나 사이의 건강한 거리감을 유지하는 것이 필수입니다. 내 경계를 슬금슬금 자꾸 들어와서 지배하려는 사람들은 우선으로 '손절'해야 합니다.

누군가에게 지나치게 의지하거나,

지켜주겠다는 마음을 버리고

타인과 나 사이의 건강한 거리감을 유지하는 것이 필수입니다.

내 경계를 슬금슬금 자꾸 들어와서

지배하려는 사람들은 우선으로 '손절'해야 합니다.

다이어트

Q. 남녀 불문하고 다이어트에 관한 다양한 방법들이 항상 이슈가 되잖아요. 그만큼 성공하기가 힘들다는 뜻이겠죠?

"어제도 밤에 치킨 한 마리를 먹었지 뭐예요?"

"절대 안 먹어야지! 했는데 초코파이 한 상자를 또 먹어버렸어요."

마치 고해성사를 하듯, 요즘 제 상담실에서 푸념하시는 분들이 제법 많습니다.

"다들 날씬하니까 살을 빼지 않으면 취직도 안 되는 거 같아요!"

이제는 내 체중이 취업이라는 생존까지 위협하는 걸까요? 요즘 현대사회는 지나친 날씬함과 미모를 요구하고 있습니다. 사회연결망 서비스를 통해 보는 사람들은 죄다 건강하고 날씬해 보입니다. 심지어 '먹방'으로 유명한 모 유투버는 하루 종일 맛있는 음식에 둘러싸여 끊임없이 먹는 거 같은데 탄탄한 근육질에 뱃살 하나 보이지 않습니다. 이런 것들이 나에게 자괴감으로 다가옵니다. 현대를 살아가는 우리 모두가 외면할 수 없는 작금의 현실입니다.

다이어트를 원하지만 잘하지 못하는 환자들의 사례를 얘기하던 중, 한 동료가 이렇게 말을 합니다.

"날씬해지고 싶고 건강해지고 싶은 모든 욕구보다 식욕이 앞선다!"

정말 맞는 말입니다. 식욕은 우리에게 너무나 본능적인 욕구입니다. 선택의 여지가 없습니다. 누구라도 먹지 않으면 얼마 지나지 않아 생명을 잃게 됩니다. 그렇기 때문에 우리의 뇌는 허기진 상태를 재빨리 감지해서 "빨리 에너지를 보충해"라고 명령을 내립니다. 문제는 뇌가 판단한 이 허기진 상태가 실제로 우리 몸에 에너지가 부족하지 않는 데도 너무 자주 감지

가 된다는 것에 있습니다.

누군가와 함께 식사를 한다는 것, 맛있는 음식을 같이 먹는다는 것은 에너지 보충 이상으로 우리 몸에 큰 영향을 미치게 됩니다. 정신건강의학과 교수인 스티븐 포지스Stephen W.Porges는 '다미주 이론'을 통해 음식을 먹는 동안은 우리 몸이 편안하게 이완되게 하는 '미주신경'이 활성화가 된다고 말하고 있습니다.

다같이 회식을 하고 맛있게 음식을 먹으면 서로 유대감이 더 잘 생기는 것은 이런 이유 때문이죠. 낯선 곳에 여행을 가서 긴장되고 모르는 언어 탓에 잔뜩 위축되어 있더라도, 현지의 맛있는 음식을 맛보거나 야시장의 떠들썩한 분위기에 젖어 있다 보면 자신도 모르게 마음이 녹아내립니다. 이민을 가거나, 유학을 갔을 때 '고향의 맛' '집밥'을 그리워하는 것은 음식의 본연의 맛을 그리워하기보다 내가 평소에 먹던 그 음식과 어우러진 편안한 느낌, 함께했던 사람들로 받았던 위로를 원하는 것인지도 모릅니다.

최근에는 비만이나 폭식을 일종의 '음식중독'의 개념으로

보기도 합니다. 설명하자면 음식을 먹으면 몸이 편안해지고 기분이 즐거워지기 때문에 습관적으로 스트레스 받을 때마다 달콤한 음식을 먹는 사람들은 점차 뇌가 우리 몸에 보내는 신호에 무뎌지게 된다는 것입니다. 보통은 아이스크림 한 개를 먹고 만족감을 느껴 우리의 뇌가 "이제 그만 됐어"라는 신호를 보낸다면 비만한 사람들의 뇌는 10개쯤 먹어야 신호를 보낸다는 뜻입니다. 마치 술이나 담배에 중독이 되면 점점 더 많이 마시거나 피게 되는 것과 같은 원리입니다.

보통 스트레스가 많은 직업을 가지신 분들일수록 비만이 많은데요, 아침은 대충 굶고 너무 바쁘니까 점심때 햄버거 같은 패스트푸드로 때우거나 수시로 콜라나 커피 등을 마시고요, 퇴근 후에는 기름진 음식과 맥주 한잔으로 마무리합니다. 그러다 밤에 드라마나 예능프로를 보며 하루 스트레스를 풀려고 하는데 이럴 때 또 라면이나 치킨, 과자 같은 열량이 높은 음식들을 먹고 싶어지거든요.

요즘 황제 다이어트, 해독 주스 등 다양한 종류의 식사가 다이어트 방법으로 제시되고 많은 약물들이 나오고 있지만 다이어트 효과가 생각보다 잘 안 나타납니다. 그래서 놀랍게도

음식을 많이 먹을 수 없게 위를 잘라내는 수술을 하거나 위에 풍선 같은 공을 넣기까지 하는데요, 그만큼 식사를 조절하고 살을 뺀다는 게 얼마나 힘든지를 짐작할 수 있습니다. 이런 방법들이 결국 실패하게 되는 이유는 말했듯이 인간의 의지보다 식욕이 앞서서 이긴다는 것에 있습니다.

마음의 허전함, 우울함, 스트레스를 맛있는 음식을 먹으면서 푸는 습관을 가진 채로, 우리의 몸을 다시 약물과 수술을 이용해서 살을 뺀다는 것은 일종의 제로섬 게임 같습니다. 우리의 몸과 마음을 몸 따로, 마음 따로, 각각 분리할 수 없는 것이니까요! 지금이라도 내 마음의 허기를 찬찬히 들여다보는 것이 필요하지 않을까요?

맛있는 음식에 둘러싸여 끊임없이 먹는 거 같은데
탄탄한 근육질에 뱃살 하나 보이지 않습니다.
이런 것들이 나에게 자괴감으로 다가옵니다.
현대를 살아가는 우리 모두가
외면할 수 없는 작금의 현실입니다.

가까울수록 마음을 알기가 어렵다

18

뮌하우젠 증후군

카멜레온 같은
우리 아이들의 속마음

어느 날, 아홉 살 초등학생인 순호는 동네 형인 분철과 놀이터 모래밭에 앉아 모래 장난을 하고 있었다.

"우리 부모님은 맨날 일 나가셔서 밤에 늦게 들어오시니까 학교 갔다가 오면 놀아줄 사람이 없어 심심한데, 형은 도대체 매일매일 뭐 하고 놀아?"

"나도 낮에 할머니 말고는 집에 아무도 없어. 할머니가 귀가

어두우셔서 내가 가방 놓고 다시 밖에 나가도 전혀 모르시거든."

"형은 그래도 할머니가 계시니까 심심치는 않잖아? 배고플 때 밥도 자주 챙겨주시고!"

"그런가? 하긴, 우리 할머니가 아이스크림 사 먹으라고 용돈도 자주 주시더라, 하하."

순호는 분철의 대답에 입을 쑥 내밀며, 두 손으로 모래밭을 헤집고 다니다가 반짝이는 무언가를 발견했다.

"오호, 이게 뭐지?"

순호는 모래 속에서 두 손으로 만지작 하더니만 물체를 잡은 손을 순식간에 밖으로 빼내었다. 영롱한 황금 색깔의 골드바가 손에 잡혀 있었다. 순호는 빠져나온 물체를 보고 깜짝 놀

뮌하우젠 증후군

다른 사람의 동정과 관심을 끌기 위해 상황을 부정하기도 하고 때로는 과장을 하여 표현하는 행동 양식으로 좀 더 발전할 경우 자기 학대, 자살 같은 극단적 결과를 보이기도 함

라고 말았다.

"우와! 형, 이거 봐!"

분철은 그네에 앉아 휴대전화기를 만지작하다, 순호의 놀라는 목소리 쪽으로 돌아보았다. 순호가 손에 골드바를 들고 있는 것이 보았다.

"그거 웬 거야?, 골드바 아냐?"

"골드바? 형, 그게 뭔데?"

그러면서 순호는 골드바 뒤에 조그마하게 쓰여 있는 글씨들을 읽으려고 노력하였다.

"뭐, 뭐……. 다음에 골드 99……."

분철은 순호에게 얼른 다가가, 골드바를 빼앗아서, 뒷면을 유심히 보는 척하였다.

"아~ 순호야 이거는 형이 보니까, 더운 열대지방 사람들이 쓰는 신분증 종류인 거 같아. 이 뒤에 있는 글씨는 그 신분증 주인의 이름을 표시한 거 같고."

"아~ 그래? 그럼 더운 나라 사람들은 이런 무거운 것들을 항상 가지고 다니려면 진짜로 피곤하겠네. 누가 신분증 보여달랠까 봐, 이 무거운 걸 항상 가지고 다니면서 보여주어야 하잖

아. 우리 엄마 지갑에 있던 신분증은 명함 크기 정도던데 옛날 옛적에 젊었던 사진도 붙어 있고."

"어. 아무래도 그렇겠지?"

분철은 맞장구치며 골드바를 얼른 자기 주머니 속에 넣었다.

"순호야, 우리가 길거리에서 다른 사람 신분증을 습득하면 어떻게 해야 한다고 학교에서 배웠지?"

"어, 선생님께서 경찰서에 갔다가 주라고 하셨어."

"그래그래, 그러니까 이것도 형이, 경찰서에 얼른 갔다가 주고 올게. 신분증을 잃어버린 그분은 얼마나 애가 타시겠니?"

순호는 이럴 때일수록 침착하게 해결방법을 제시하는 분철이 형이 되게 멋있게 느껴졌다.

"그래, 형은 참 착하고 멋있어. 우리 아빠도 형의 반만이라도 좀 닮았으면 좋겠다. 놀이터 뒤편에 작은 경찰서 하나가 보이던데, 거기 갈 거지? 형, 어여 갔다 와. 나는 놀이터에서 기다리고 있을게."

순호의 말을 듣자, 분철이 크게 손사래를 쳤다.

"아냐, 아냐. 외국 사람들 문제는 여기 말고 조금 더 큰 경찰서에 가서 맡겨야만 해. 그래서 오늘은 그만 놀고, 내일 이 시

간에 여기서 보자. 형이 내일 만나서 큰 경찰서에 갔다 온 이야기해줄게."

순호는 분철의 이야기를 듣고 고개를 끄덕했다.

"아~ 그렇구나……. 그럼, 형~ 내일 여기서 봐, 안녕."

분철은 웃으며 놀이터에서 뛰어나갔고, 순호도 집으로 그냥 가려다, 마지막으로 모래사장을 두 손으로 헤쳐놓았다.

그날 저녁 시간이 되자, 순호와 엄마, 아빠가 저녁을 먹기 위해 식탁에 마주 앉았다. 엄마가 순호의 말을 듣고 놀라며 말을 이었다.

"순호야, 뭐라고? 놀이터에서 놀다가 금붙이를 발견했다고?"

"엉, 노란색에 직사각형 초코바 모양으로 생겼는데, 엄청나게 중요한 거 같이 보여서, 형아한테 물어보니까, 그게 더운 나라 사람들의 신분증이래, 진짜 뒤에 신분증 주인의 이름도 새겨져 있었어, 골드…… 뭐래나?"

엄마와 아빠가 밥을 먹다가 서로 마주 보았다. 아빠가 숟가락을 내려놓으며, 순호에게 재차 물어보았다.

"순호야, 그럼 그 신분증은 지금 어디에 있니?"

"놀이터에서 같이 만나서 노는 형이 큰 경찰서에 신고한다고 가져갔어. 외국 사람들 거라 꼭 큰 경찰서에 가야 한다고. 그러고 나서 내일 또 보기로 했어. 큰 경찰서에 갔다 온 이야기 해준대."

엄마는 잠깐 생각을 한 후, 갑자기 웃으면서 순호에게 물어보았다.

"순호야, 내일은 오랜만에 엄마랑 놀이터에 가서 같이 놀아볼까? 당신은 어때요? 오랜만에 아들이랑 시간도 보낼 겸 시간 좀 한번 내봐요. 맨날 술이나 작작 퍼마시지 말고."

식탁 밑으로 엄마의 발등이, 아빠의 발등을 '톡' 하고 쳤다. 아빠는 아내의 얼굴을 쳐다보았다.

"그, 그럴까? 아빠도 순호 이야기 계속 들어보니까, 갑자기 그 착한 형의 얼굴이 보고 싶은걸?"

"정말? 진짜야? 그런데 엄마 아빠, 내일은 일들 안 나가? 평일이잖아?"

엄마가 벽에 붙은 달력의 숫자를 보는 척하다가 바로 순호에게 말했다.

"엄마가 오랜만에 우리 순호하고 같이 좀 놀아주려고, 그래서 미리 휴가를 내고 왔지, 당신도 그렇죠? 아까 회사에다가 휴가 좀 내볼까? 얘기했었잖아요."

"그, 그렇지, 암. 간만에 아들하고 노는 건데, 아빠가 당연히 휴가 내야지, 음."

순호는 갑자기 집안이 떠나갈세라 만세를 크게 불렀다.

"엄마, 아빠, 진짜 최고, 내일 놀이터에서 만나면 형아 한테 엄마, 아빠랑 같이 놀러왔다고 엄청나게 자랑해야지, 하하하."

순호는 벌써 즐거워서인지, 콧노래를 부르기 시작하였고, 그러한 순호의 모습에 엄마와 아빠는 서로를 쳐다보았다.

다음날.

"순호야, 오늘 그 형아 오긴 오는 거니? 진짜 오늘 온다고 말했어?"

"엉, 그런데 그 형이 큰 경찰서 가야 한다고 했거든, 그래서 못 오는 거 같은데? 엄마, 아빠. 아니면 내일 다시 한 번 와볼까? 형아가 내일 여기에 올 수도 있잖아."

엄마와 아빠는 서로 난감한 표정이 되었다. 엄마가 순호에게 재차 물어보았다.

"순호야, 혹시 그 형아 집이나 전화번호 같은 건 모르니?"

"몰라. 그 형은 평일 이 시간대에 놀이터에 오면 꼭 있었어. 그네도 항상 같이 타고 그랬는데?"

"그렇구나, 그런데 순호야. 어제 엄마 아빠한테 말할 땐 놀이터 모래사장에서 그 신분증을 찾았다고 하지 않았니? 근데 모래밭은 도대체 어디 있니? 이 놀이터가 맞긴 맞는 거야?"

순호는 잠시 무언가를 생각하다가 엄마, 아빠에게 말했다.

"어? 그러고 보니 모래밭이 없어졌네? 아까 오전에 누가 와서 치웠겠지, 뭐."

그때 갑자기 뒤에서 누군가 순호를 크게 불렀다.

"순호야, 오랜만이네. 웬일로 놀이터에서 다 만나고?"

그런데 이상하게도 방금 전까지 즐거워하던 순호가 갑자기 얼굴이 하얘지며 당황해하기 시작했다.

"혀, 형, 오늘 가족들이랑 여행 가서 놀이터 안 온다고 하지 않았어?"

"지금 우리 집 비상이야, 할머니가 갑자기 쓰러지셔서 우리 가족들 다들 병원에 있어. 나는 간식거리 사 온다고 하고 여기 잠깐 나온 것이고. 그런데 왜? 순호야."

둘의 이야기를 가만히 듣고 있던 순호 엄마가, 대화 중간에 끼어들었다.

"잠깐만, 학생. 혹시 학생 이름이 분철이, 맞니?"

"예, 그런데 아주머니 누구세요? 혹시, 순호 어머니 되세요? 아, 안녕하세요."

가만히 이 상황을 지켜보던 아빠도 얼른 분철에게 물어보았다.

"혹시, 어제 여기서 우리 애가 모래밭에서 골드바를 찾았다는데, 네가 더운 나라 사람들 신분증이라면서 큰 경찰서에 가져다주러 갔다며? 맞니?"

분철은 처음 듣는 이야기인 듯, 인상을 찌푸리며 자신의 이야기를 대신 막 하기 시작했다.

"예? 그게 무슨 말씀이세요? 우리 아빠가 경찰은 맞는

데…… 저, 어제 여기 안 왔는데요? 병원에서 계속 할머니 병간호 중이었어요. 그리고 여기 놀이터에는 원래 모래사장 같은 건 없었어요. 예전에 동네 애완견들이 모래사장에다 땅을 파고 똥을 하도 많이 싼다고 누가 신고를 해서 건장한 아저씨들이 모래들을 싹 치워갔는데요?"

엄마와 아빠는 분철의 이야기와 동시에, 순호의 얼굴을 쳐다보았다. 순호가 갑자기 배시시 웃으며 말했다.

"아하~ 하하하. 난 사실 골드바 같은 거 뭔지도 몰라, 그렇지만 엄마랑 아빠랑 이렇게 놀이터에 같이 나오니까 너무너무 좋다. 엄마, 아빠도 나랑 놀려고 오늘 휴가 냈다고 했잖아. 그지? 그깟 골드바 같은 거 없으면 어때? 내가 오늘 우리 가족 놀러 나온 기념으로 엄마, 아빠에게 막대 바 한 개씩 사줄게. 가자~."

순호는 마치 미리 준비해온 것처럼, 그동안의 가슴 속에 담겨 있었던 말들을 엄마, 아빠에게 다 쏟아내고선 놀이터 밖으로 뛰어나갔다.

"순호야, 잠깐만. 그럼 골드바는? 큰 경찰서는?"

엄마가 크게 외치며, 순호를 쫓아 놀이터를 뛰어나갔다. 아

빠는 점점 멀어지는 순호 엄마를 바라보며 분철에게 물었다.

"분철 학생, 혹시 놀이터에서 진짜로 골드바 같은 거 본 적은 없니?"

분철은 이상하다는 듯이 순호 아빠를 쳐다보며 대답했다.

"그게 뭔데요? 그나저나 저번에 제가 가족들이랑 여행 간다고 순호에게 자랑하니까, 자기도 평일에 엄마랑 아빠랑 같이 놀이터에 오겠다고 하더라고요. 그래서 제가 '너 네 부모님 두 분 다 일 나가신다며? 그건 좀 힘들지 않을까? 어른들 인생에서는 항상 우리보다 더 우선순위가 명확하거든' 하고 제가 말해주었던 기억이 있어요. 와, 그런데 진짜로 두 분이 오늘 같이 오셨네요? 순호는 정말 좋겠다. 그럼 아저씨, 저도 이만 가볼게요. 안녕히 계세요."

'뭐? 우선순위?'

아빠는 망연자실하며, 이제 몇 가닥 남지 않은 머리카락을 천천히 쓸어올렸다. 분철은 콧노래를 흥얼흥얼 부르며 놀이터에서 뛰어나가다 중간에 뒤를 돌아보았다.

"아저씨."

"왜?"

"사실 조그마한 모래사장이 있긴 있어요. 저기 놀이터 뒤쪽에 있는 그네 보이시죠? 바로 그 뒤에요. 원래 저기서 순호가 더 자주 놀아요. 그럼 진짜로 안녕히 계세요."

분철이는 90도로 얼른 인사를 한 후, 씩씩하게 가던 길로 다시 뛰어갔다.

"어른들은 우리보다 우선순위가 명확하거든!"

위 이야기의 말미에서 분철이는 어른들의 마음을 훤히 알고 있다는 듯이, 순호 아빠에게 이렇게 말을 합니다. 또한 순호는 일 때문에 항상 바쁘신 부모님의 관심을 자기에게 돌려보기 위해, 모래사장에서 금괴를 발견했다는 거짓말을 하게 됩니다.

과연 순호가 단순히 심성이 나쁜 거짓말쟁이 아이라서 부모님에게 그런 거짓말을 한 것일까요? 또 분철이는 단순히 성숙한 애어른이라서 순호 아빠에게 위의 말들을 한 것일까요?

실제로는 많은 아이들은 부모들이 무엇에 관심을 가지는지 잘 알고 있으며 관심을 받기 위해 행동하기도 하고, 똑같이 모방하기도 합니다. 사랑하는 사람에게 관심을 받고 싶고 함께하고 싶은 마음은 누구에게나 당연하게 존재하기 때문에, 이런 문제들은 항상 나쁘다, 좋다의 경계에 교묘하게 걸쳐져

있습니다.

어린 시절 굉장히 바빴셨던 부모님들에게서 자란 사람들과 상담을 하다 보면 자주 듣는 얘기가 있습니다.

"어릴 때 제가 아프면 엄마가 정성스럽게 죽도 끓여주고 출근하지 않고 간호해주셨어요. 그래서 그냥…… 제가 자주 아팠던 거 같아요."

아이가 평일에 놀러가고 싶다고 하는 소망, 내 일상을 재잘재잘 말하고 싶어 하는 마음은, 내일 회사에 보고서를 제출해야 하고, 중요한 회의에 참석해야 하는 등의 부모들의 더 높은 우선순위에 쉽게 밀리고 맙니다.

아이들이 자라서 가지게 될 '좋은 직업'이나 '경제적 풍요'에 대한 또 다른 높은 우선순위와 관련이 있을 것 같은 학교 성적, 숙제, 학원 등에 대해서 부모들은 더 관심을 많이 가지게 되죠. 그렇지만 성적에 관한 관심은 공부가 흥미가 없는 아이들에게는 또 다른 억압입니다. 일방적인 지시나 압박은 아이들 입장에서는 관심이나 애정으로 느껴지지 않을 수도 있습니다.

부모들은 전문직에 경제적으로도 풍요롭고, 아이는 학교에서 성적이 우수한 누가 봐도 부러워할 만한 가정이 있었습니

다. 그런데 그 아이가 자주 아팠습니다. 아이가 진료를 받은 내과, 소아청소년과에서 몸에는 큰 이상이 없다는 말을 듣고, 결국, 정신건강의학과에 상담을 오게 되었죠. 자세히 들어보니 실상 그 가족은 경제적으로는 풍요롭지만, 그 풍요를 지키기 위해 부부는 늘 예민해 있고, 아이 앞에서 자주 다퉜습니다.

아이가 편안한 일상이나 마음을 전달할 틈이 없어 보였습니다. 아이가 엄마의 관심을 받을 수 있을 때는 우수한 성적을 보였을 때나, 아팠을 때밖에 없었습니다. 내가 사랑하는 사람의 관심을 어떤 경우에 받을 수 있는지는 이성적으로 계산해서 알게 되는 것이 아닙니다. 저절로 몸에 배이게 되는 것이죠.

'아, 우리 엄마 아빠는 내가 공부를 잘하거나 몸이 아팠을 때만 관심을 보이시는구나. 아 우리 엄마 아빠는 골드바에 관심이 있으니까, 내가 그 얘기를 하면 휴가를 내시겠지?' 이런 치밀한 계획이 아닙니다. 아팠을 때의 경험이 그 순간에 내가 그토록 관심을 받고 싶었던 부모의 사랑과 관심, 맛있는 음식과 관련되어 있다면 몸이 아픈 통증보다 더 강렬한 좋은 기억이 뇌에 새겨지게 됩니다.

또한 아이들과 함께 찾은 놀이공원이나 쇼핑몰 등에서 떼

를 쓰는 아이에게 부모님들은 "이렇게 떼를 쓰면 지금 집에 갈 거야" "돈이 하늘에서 떨어지니? 이걸 왜 사달라고 하니?" 이런 식으로 말하는 것을 흔하게 볼 수 있는데요.

제가 말씀드린 위 경우는 오히려 아이에게 협박과 심한 망신 주기로 보여질 수 있습니다. 어찌 보면 아이에게 내가 원하는 행동을 이끌어내기 위한 방법인데요, 이게 당장은 효과가 있습니다. 아이들이 그 순간에 눈물을 흘리고, 얼굴이 빨개지며 모멸감을 느끼지만 참아야 된다고 생각하고, 결국 엄마의 말을 듣게 됩니다.

그렇지만 어떤 상처를 받으면서 받아들인 교훈 같은 건 상처만 남고 머리에 잘 남지 않거든요. 아이들이 내가 무시를 당했다는 기억만 가지고 부모에게 애정을 가지기 힘듭니다. 아이를 자꾸 비난하는 태도는 서로 행복한 대화를 하는 데 전혀 도움이 되지 않을 뿐 아니라 내 기분도 좋지 않게 하고 내 아이에게는 엄청난 상처가 되기도 합니다.

꼭 아이만 그런 것이 아닙니다. 아이가 아파서 돌보고, 아이를 돌보면서 받게 되는 주위의 관심이나 인정이 너무 좋았던 엄마는 아이를 자꾸만 입원시키려고 하는 경우도 있습니다. 가

끔 다른 과에서 정신건강의학과로 자문을 요청하는 경우인데 어른의 뮌하우젠 증후군이라고 할 수도 있습니다.

'왜? 없는 사실을 지어서 말하지? 왜? 자꾸 아플까?' 하는 표면적인 문제의 중심에는 결국 사랑받고 싶고, 관심을 받고 싶어 하는 마음이 있는 것입니다. 바다 위에 드러난 조그만 빙산에만 관심을 가져서는 전체 문제를 해결할 수 없습니다. 가족 중 누군가가 거짓말을 하고 있다면, 그 내면은 뻥 뚫리고 허전한 마음이 감추어져 있을지도 모르겠습니다.

19

가족 애착과 양가감정

요즘 시대 참된 가족상이란

애착이론의 창시자인 존 볼비John Bowlby는 아이에게는 훌륭하거나 부유한 등의 외부적 조건은 상관없이 그저 곁에서 있어주는 부모의 역할을 강조했습니다. 해리 할로우Harry F. Harlow의 '원숭이 애착 실험'에서도 엄마가 없는 원숭이는 우유병이 있는 철사 어미 대신, 따뜻한 천으로 감싸진 어미를 선택한 것도 같은 이치이지요. 부모의 손길이 너무나도 필요한 아이에게, 따뜻한 가족이 있는 공간은 몸과 마음의 필수 영양소와 같

습니다.

유교 문화에 뿌리를 두었던 우리나라의 과거 농경사회는 가족, 친지들이 한곳에 모여 사는 경우가 많았고, 가족 내의 유대감도 굉장히 강했습니다. 가족들 모두가 가족의 일이 내 일이라는 것에 매우 자연스럽게 내재화되었던 시기이기도 했습니다. 그런데 시대가 변해서 가족과 친지 간의 유대감들이 많이 소멸해버린 것이 사실이고요. 이처럼 농경시대와는 달리 현대사회는 가족들이 한자리에 같이 모여 시간을 보내는 경우도 현격히 짧아졌습니다.

여기서 하나 살펴볼 점은, 과거에는 가족이나 친지들 간에

애착

가까운 사람에게 감정적 유대를 형성하는 것으로 애착대상과 함께 있을 때 안전하고 편안하게 느끼게 된다.

양가감정

마음속에서 타인에 대한 서로 상반되는 태도를 보이는 감정이나 상태, 표현 등

절도나 사기 사건이 발생하는 행위 자체가 현재와 비교해서 극히 적었다고 하는데요, 매일 얼굴을 보고 대화를 나누는 사람들을 대상으로 눈앞에서 거짓말을 하거나 몰래 남의 물건을 가져 나가는 일은 웬만해선 쉽지 않기 때문입니다. 그러나 현대사회에서는 그 사람을 직접 보지 않고 구체적인 행동을 하지 않으면서 컴퓨터 마우스 클릭이나 휴대전화기 터치 몇 번만으로 사기나 절도가 가능해졌기 때문에, 사람들이 죄책감을 느끼지 않고 부당한 행동들을 할 가능성이 매우 커졌다고 할 수 있습니다.

어떤 이익을 위해서 버튼을 눌러 누군가에게 해를 입히는 행동은 사람들이 쉽게 하는 데 반해, 그 사람을 손으로 밀쳐서 다치게 하는 행동은 매우 꺼린다는 실험 결과도 있습니다. 바로 우리의 뇌가 본능적으로 그런 행동을 싫어하기 때문입니다.

요즘 세상이 가까운 사람을 대상으로 일말의 죄책감이 없이 사기를 치거나 절도를 하는 것이 굉장히 빈번하지만, 피해를 본 사람으로서는 그 고통이나 당혹감, 또 가족에게 배신을 당했다는 데서 오는 정서적 어려움은 줄었다고 보기가 힘들죠. 오히려 각박한 현대사회에서 의지할 사람이 대체로는 내 배우

자나 자녀들밖에 없다는 사실을 고려하면, 그 사회적 충격은 앞으로 점점 더 커질 것이라고 할 수 있습니다.

그럼, 가족이란 과연 무엇일까요? 점차 개인주의가 심해지는 현대사회에서 내가 마음을 편히 쉴 수 있는 가장 작은 베이스캠프일 것입니다. 그런데 점차 가장 안전하고 따듯해야 할 공간들이 위협을 받고 있습니다. 서로 사랑하고 이해하고 따뜻하게 위로를 건넬 수 있어야 하는 관계들이 점점 이해타산에 맞춰지고 냉정하게 계산되고 있습니다.

마음이 허해진 부부들은 가상의 공간에서 판타지에 사로잡히며, 언제부터인가 TV에서는 정말 비슷한 배우와 탤런트들만이 나오고 있습니다. 남녀 할 것 없이 큰 눈에 오똑한 코, 갸름한 얼굴, 뽀얀 피부가 기본이고 모니터에서는 늘 우리에게 환한 미소와 매력적인 눈빛을 보내고 있습니다.

우리가 욕망하는 아름다운 외모에 멋진 몸매, 절대 화내지 않고 나에게 늘 매력을 발산할 것만 같은 그들은 실제 현실에서는 없습니다. 애초에 성인의 애착이란 과도하게 자극되는 성적 이미지가 아니기 때문입니다. 꾸준한 신뢰를 쌓을 수 있고

내가 힘들 때 위로받을 수 있는 사람, 같이 있으면 편한 대상이 바로 그것이기 때문입니다.

우리는 현실에서 채우지 못한 허기를 그곳에서 갈망하지만 한편으로는 내 배우자 역시 나와 똑같은 환상을 가지고 있지 않을지 의심의 눈길을 보냅니다. 내가 TV 속의 여배우를 갈망하는 만큼, 아내는 나를 무시하고 놀이 공만큼도 못하게 여긴다고 느끼며 갈등이 심해집니다.

실제 상담에서 "내 남편이 좀 더 잘났으면 저 같은 사람과 결혼했을 리가 없어요"라고 하시는 분이 계셨습니다. '나는 이 정도로 사랑받을 만하지 않다. 그래서 나는 현실에서 사랑과 안정을 찾을 수 없다. 내가 좀 더 나았더라면 더 좋은 상대와 결혼했을 텐데' 하는 자기 판타지에 빠집니다. 이처럼 마음이 허기진 부부는 역으로 아이들에게 그 욕구를 채우려고 합니다.

"이 험난한 세상을 그래서 어떻게 이겨나가려고 그래? 다 너를 위해서야 지금 공부 안 하면 큰일 난다!"라고 우리는 아이들을 자기도 모르게 몰아붙입니다. 온전히 내 모습 그대로를 봐주지 않는 부모들에게서 아이들은 반대로 마음을 위로받지

못하고 자꾸만 시들어갑니다.

아이들에게는 곁에 있어주는 것, 그냥 사랑해주는 것이 가장 좋은 영양이라는 것을 모르는 부모들은 외부에서 자원을 찾으려고 합니다. 존 볼비John Bowlby는 사람과의 관계에서 애착이 잘 만들어지지 않으면 우선은 항의하고 매달리고, 절망하다가 시간이 지나면 분리된다고 말했습니다. 우리 가족이 겉으로는 평화로워 보이지만 실제 속으로는 단절된 상태에 있는 것은 아닌지? 오늘 퇴근 후 얼른 집에 들어가, 가족들을 유심히 돌아볼 필요가 있겠습니다.

20

정서적 전염 효과

웃음 바이러스는 전염력이 매우 강하다.

제가 다니던 대학 도서관 중 가장 큰 도서관이 '중앙도서관'이었는데요, 학생들은 줄여서 그냥 '중도'라고 불렀습니다. 저와 친구들은 이 건물을 상당히 좋아했는데 그 중도의 스터디룸은 마치 중세의 유럽 건물처럼 층고가 수 미터로 매우 높았고, 건물의 중간은 일층부터 꼭대기까지 중앙이 뚫려 있고 주위로 열람실이 자리하고 있어 독특한 구조였습니다.

학생들은 열람실에서 공부를 하다 졸음이 찾아올 때쯤이면

해가 내리쬐고 아래위로 뚫려 있는 테라스를 연상케하는 공간에서 기대어 쉬고 때마침 만난 친구들과 삼삼오오 모여 대화를 나누곤 했었죠. 지금은 높은 층고나 사람들이 모일 수 있는 쾌적한 공간이 창의력을 높이고, 심신을 이완시켜 건강에 도움이 된다는 '신경 건축학' 이론이 신뢰를 받고 있지만, 그 당시는 공간효율을 잡아먹는 건물을 관통하는 공간은 단순한 미적 개념으로만 받아들여졌던 거 같습니다.

그래서인지 열람실 좌석이 모자란다는 이유로 도서관의 여유롭던 휴식 공간은 어느샌가 열람실로 다 바뀌었습니다. 딱 들어서는 순간, 낮은 천장에 끝도 없이 펼쳐져 있는 책상과 의자들로 말이죠.

유명한 건축가인 스페인의 '가우디Antoni Gaudí'도 학창시절 졸업과제로 환자들의 심신을 편안하게 해줄 정원이 내려다보

정서적 전염 효과

극장에서 재미있는 영화를 보며 같이 웃는 관객들과 같이, 다른 사람의 감정이 내 감정에 동일하게 투영되어 그 사람의 경험 등에 쉽게 공감되고 동화가 되는 것

이는 아담한 병원을 설계했다가, 웅장한 기존 양식을 따르지 않았다는 이유로 졸업을 못할 뻔 했다고 하니 고정적 사고방식은 동서양의 차이가 없는 것도 같습니다.

심리학적 용어로 '방어기제'라는 것이 있습니다. 정신분석으로 유명한 프로이트Sigmund Freud 박사가 처음 사용한 용어인데요, 쉽게 말해 우리가 심리적으로 고통을 받고 어려움을 겪을 때 우리의 마음이 잘 이겨낼 수 있도록 각자의 방법으로 사용하는 방어막이라고 볼 수 있습니다.

어떤 사람은 힘든 일을 겪으면 그것을 인정하지 못하고 '부인'하기도 하고 어떤 사람은 남 탓을 하기도 하지요(이것을 전문용어로 투사라고 합니다). 그런데 그렇게 힘든 경우에도 유머를 사용해서 상황을 가볍게 돌리거나 긍정적으로 바라보는 이들이 있습니다.

전문가들은 사람들의 유머를 상당히 성숙한 방어기제라고 하고, 보통 성숙한 방어기제를 사용하는 사람들이 정신질환을 잘 이겨낸다고 봅니다. 그만큼 우리에게는 웃음, 유머가 그 어떤 건강보조제, 비타민보다 더 필요하다고 할 수 있습니다.

자! 그렇다면 웃음이나 유머는 어떻게 나눌 수 있을까요?

지금부터 한 시간 동안 모두 둘러앉아 “유머를 한마디씩 해 주세요!”라고 한다면 어떨지요? 마치 회식자리에서 느닷없이 건배사를 제의받아 진땀을 흘리는 것처럼 사람들은 또 다른 스트레스를 받을 겁니다. 여기서 우리가 놓치기 쉬운 것은 ‘웃어야 해, 유머를 나누어야 해’라는 당위나 압박을 받으면 더 위축이 되고 긴장되어서 자연스럽게 나누지 못한다는 것입니다.

바로 눈치를 채셨겠지만, 우리가 마음을 녹이고 유머를 나누고 웃으려면 어떤 자연스런 공간과 사람들이 필요합니다. 웃는 표정이든 슬픈 표정이든 누군가의 감정은 강력한 전염력을 가지고 있기 때문인데요, 본능적으로 사람들은 편하고 즐거운 공간, 유머러스한 사람들과 함께하고 싶어 합니다.

사람간의 접촉을 매개로 하는 COVID 19같은 감염병은 우리의 욕망과 함께하기 때문에 쉽게 끊기가 힘든지 모릅니다. COVID 19의 집단감염에서 자주 등장하는 장소 중 눈여겨볼 곳이 목욕탕입니다. 어떤 감염내과 의사는 “우리나라 사람들은 목욕의 민족이다!”라는 푸념을 하기도 했는데, ‘집집마다 샤워

시설이 다 있는 현대사회에서 왜 꼭 목욕탕을 가야 하나, 빨리 감염병을 차단해야 하는데……'라는 아쉬움이 담긴 말인 듯합니다.

이것을 정서적 전염, 유머라는 측면에서 보면 무릎을 탁 치며 이해를 하실 수 있습니다. 목욕탕은 따뜻하고, 탕 속에서 긴장되고 뭉친 근육을 풀 수 있습니다. 온몸이 노곤해진 상태에서 요구르트를 마시며 우연히 만난 이웃들과 가벼운 담소를 나눌 수 있는 거죠. 목욕탕에서 만나 서로 싸우거나 심각한 얘기를 나누는 경우는 거의 없습니다. 목욕이라는 본연의 목적을 서로 핑계 삼아 머물고 싶은 시간만 머물며 가볍게 웃고 떠들 수 있죠.

우리가 원하는 것은 사실 목욕이 아니라 마음의 위안, 웃음일지도 모릅니다. 우리 몸은 따뜻한 곳에 있을 때 뭔가를 먹을 때 두뇌에서 편안해지는 '미주신경'이 활성화됩니다. 인사치레로 "밥이나 같이 먹자"라는 게 괜히 있는 말이 아닌 것이죠. 내가 웃음을 편하게 자연스레 나눌 수 있는 공간을 만드는 것은 아주 중요합니다. 나만의 습관, 루틴을 만드는 것이죠.

이렇게 가벼운 농담과 유머를 자주 나눈다면, 당신 또한 웃

음 바이러스의 강력한 전파자가 돼서 좋은 사람들을 주변에 많이 모여들게 할지도 모르겠네요!

21

신체화 증후군

(아이들의 모원병)

마음이 아프다고 하는 몸의 신호들

"배가 자주 아파요."

"눈앞이 흐릿해서 책을 잘 못 보겠어요!"

"제대로 잘 못 걷겠어요. 너무 기운이 없어요!"

이런 증상을 호소하면서 병원을 찾는 아이들이 제법 많습니다. 제 주변의 J도 그런 아이였습니다. 자주 배가 아파서 학교에서 조퇴를 해야 하는 경우가 많았는데요, 소아청소년과를

가서 검사를 해봐도 특별한 이상은 발견되지 않았습니다. 꾀병 같았지만 아이는 식은땀을 흘리며 배가 아프다고 하고 종종 구토를 하기도 했습니다. 그럴 때마다 어머니는 발을 동동 구르며 근처 병원을 데려갔고 다행히 큰 질병은 발견되지 않았지만 아이는 여전히 아프다고 했기에 오히려 어머니의 걱정은 깊어졌습니다. 학교에서 선생님 말로는 공부도 꽤나 열심히 하고 친구들과는 큰 문제가 없다고 했었고요.

이렇게 검사를 해봤는데 큰 이상이 없는 증상들 중에서는 배가 아프다, 구토를 했다 등의 소화기 장애가 제일 많은데요. 아무래도 소화기관의 문제이다 보니 소아청소년과나 내과를 먼저 찾게 되고 의사들은 각종 검사를 해도 큰 이상이 없는 경우가 많으니 흔히 "아이가 최근에 스트레스 받는 게 있나요?"

라고 물어보게 되고 그제야 심리 상담을 의뢰하게 됩니다.

J와 부모님의 얘기를 자세히 듣다 보니 J의 부모들이 마침 심한 갈등이 있던 차였습니다. 아빠의 실직으로 엄마는 스트레스를 받았고, 둘은 자주 다퉜습니다. 때로는 폭력적인 모습이 연출되기도 했고 그럴 때마다 J는 방에 숨어서 싸움이 끝나기를 기다려야 했습니다. 나중에 그 사실을 듣고 J의 엄마 아빠는 아이가 방에 있어서 싸우는 걸 J가 알고 있을 줄 몰랐다며 어쩔 줄 몰라 했습니다.

보통 아이들은 종종 부모들이 예상하는 것보다 많은 것을 알고 분위기를 파악하는 경우가 있습니다. 부모들은 기억도 못하는 순간을 생생하게 말하기도 하죠. 당시 엄마는 남편의 갑작스런 실직으로 크게 스트레스를 받고 경제적인 어려움으로 압박을 받고 우울했다고 했습니다.

그런데 마침 성적이 좋았던 J가 공부를 열심히 하자 엄마는 큰 기대를 걸었습니다. J는 좋은 성적표를 가지고 갔을 때는 엄마의 웃음을 볼 수 있었기 때문에 엄마를 만족시켜주기 위해 더욱 열심히 했지요. 배가 아프던 시기는 부부싸움이 극에

달하고 학교 공부에 심한 압박을 받은 J가 시험을 망쳐 성적이 곤두박질치던 시기와 신기하게 일치했습니다.

내 마음이 슬프다, 또는 기쁘다는 감정을 잘 살펴보기 힘든 J는 '배가 아프다'를 통해 몸으로 그 신호를 보냈던 셈인데요, 이런 것을 바로 '신체화'라고 부릅니다. 실제로 통증이나 고통을 느끼기 때문에 꾀병과는 다릅니다. 아이들의 이런 반응들은 주 양육자와의 애착 경험과 아주 밀접한 영향이 있기 때문에 일본의 소아과 의사 규토쿠 시게모리는 "양육해주는 엄마의 영향으로 인한 병이다!"라고 해서 '모원병'이라고 주장하기도 했습니다.

주 양육자인 엄마 아빠가 우울하거나 다른 스트레스로 인해 아이를 잘 돌보지 못할 때뿐만 아니라 반대 경우도 있습니다. 아이를 지나치게 통제하고 공부를 강요하는 등의 모습을 보이는 것을 헬리콥터 맘이나 타이거 맘으로 표현하기도 하는데요, 이 경우에도 과도한 간섭이 아이들의 몸을 아프게 할 수 있습니다. 복통, 두통, 의학적으로 설명할 수 없는 시력저하 등이 나타나는 거죠. 그런데 가뜩이나 아이들에 대한 양육부담으

로 늘 마음의 빚을 가지고 있는 많은 엄마들에게 짐을 지우지 않기 위해서 여기서는 '신체화'로 설명하겠습니다. 주 양육자가 비단 엄마뿐 아니라 아빠나 조부모라도 똑같이 영향을 끼칠 수 있기 때문이죠.

우리는 스트레스를 받거나 마음이 우울하거나 슬프면 왜 몸이 아픈 걸까요? 그것은 너무나 당연히도 우리의 머릿속 뇌와 몸의 신경이 모두 연결되어 있기 때문입니다. 특히나 소화기관인 장에는 굉장히 많은 신경이 있어서 이것은 실시간으로 뇌로 신호를 보내게 되는데요, 그래서 유명한 뇌 과학자인 안토니오 다마지오 는 장의 신경계를 제2의 뇌라고 부르기도 했습니다. 즉 "나 지금 불편해", "많이 화났어!", "스트레스로 견딜 수 없어"라는 말을 스스로에게 하는 중인 겁니다. '순식간에 파악한다', '빨리 핵심을 알아챘다'는 단어인 '직감'이 영어로는 'gut feeling'인 것은 바로 그 때문입니다.

J의 경우를 예를 들어 살펴보겠습니다. J의 부모가 늘 싸우는 상태라면 그래서 주위상황을 늘 예의주시할 수밖에 없는 상태라면 J의 몸은 이미 스트레스 호르몬이 많이 나와서 몸이

긴장된 상태입니다. 우리가 스트레스를 견뎌낼 수 있는 적당한 범위를 대니얼 시겔 은 '인내의 창'이라고 설명했는데요, 내 마음의 창이라고 볼 수도 있습니다. 사람마다 크기가 제각각이죠. 그런데 이렇게 늘 긴장된 상태는 마음의 창을 꽤나 작게 만듭니다. 창의 크기를 벗어나는 수준의 스트레스는 지나치게 몸을 긴장하게 만들어서 얼어붙게 만들고 더 지나쳐서 감당이 안 되면 우울해지거나 몸이 아프거나 고통을 느끼게 됩니다.

이것은 우리가 고민하고 깨닫고 생각해서 나타나는 일들이 아닙니다. 그저 순식간에 몸이 느끼고 반응하는 것이죠. 엄마 아빠의 싸움으로 크게 놀라고 몸이 얼어붙고 아팠던 경험이 있다면 그것과 비슷한 일에도 몸이 비슷하게 반응할 수 있습니다. 선생님이 호통을 치시거나 혹은 성인이 되어 배우자가 화를 내는 일에도 비슷하게 몸이 얼어붙고 아플 수 있는 겁니다. 누군가에게는 그저 신나고 짜릿한 황홀한 경험인 불꽃놀이도, 어릴 때 전쟁을 체험했던 사람에겐 가슴 두근거림과 복통을 안겨주는 고통인 것과 마찬가지입니다.

어릴 때 부모와의 관계는 아이들 마음속에 깊고 지워지지

않는 길을 만듭니다. 그렇다면 늘 몸이 아프고 감정을 표현하는데 서툰 우리 아이들을 도와줄 방법이 없는 걸까요? 그렇지 않습니다. 아이들의 뇌는 성인보다 훨씬 더 말랑말랑하다는 큰 장점이 있습니다. 뇌의 신경세포들은 상황에 따라 새로 만들어지기도 하고 서로 연결되기도 하는데 이것을 '뇌의 가소성'이라고 합니다. 즉, 중요한 누군가로부터 사랑받고 위로받는 경험을 하게 된다면 또 잘 성장할 수 있는 겁니다.

실제 알코올 중독인 아버지와 늘 자살시도를 했던 어머니로 힘든 유년시절을 보냈던 경험을 책으로 펴낸《닥터 도티의 삶을 바꾸는 마술가게》저자 제임스 도티 는 마술가게 할머니로부터 몸을 살펴보고 이완하는 훈련을 한 경험을 가지고 자신의 삶을 긍정적으로 이끌어냈습니다. 이렇게 우리는 도티의 마술가게 할머니와 같이 아이들의 몸속에서 들리는 다양한 소리들에 우리들의 양 귀를 열고 항상 관심을 기울여야 하겠습니다.

는 긴장된 상태는 마음의 창을 매우 작게 만듭니다.
창의 크기를 벗어나는 수준의 스트레스는
지나치게 몸을 긴장하게 만들어서 얼어붙게 만들고
더 지나쳐서 감당이 안 되면 우울해지거나
몸이 아프거나 고통을 느끼게 됩니다.

가족, 부부관계

그렇습니다. 아무리 멋진 곳을 여행하더라도 며칠이 지나면 집이 그리워집니다. 유학을 떠난 사람들이 김치를 그리워하는 것, 아프면 어머니나 아버지가 생각나는 것, 이건 누구나가 떠올리는 이미지일 겁니다. 가족, 가정이란 어떤 안전기지 같은 역할 내가 힘들 때 피할 수 있는 곳인데요.

그렇게 늘 안전하게 보살핌이 이루어지면 사람이 성장해서도 편안합니다. 그런데요, 어릴 때 부모님이 아프셨거나 혹은 너무 바쁘셔서 주위사람들에게 맡겨진 경우 혹은 부부싸움이

잦아서 어려서 늘 큰소리만 듣고 자라거나 맞으면서 큰 경우는 가족, 가정이 안전하지 않을 수 있습니다.

보통 이렇게 자란 사람이 성인이 되면 크게 3가지 모습으로 나타납니다.

예를 들어 크게 빚을 지게 되거나 당장 수입이 없어서 힘들다든지, 누가 아프거나 하는 등의 변화가 생겼다고 할 때 이런 분들은 배우자에게 굉장히 매달리게 됩니다. 과도하게 불안하고 안전부절못하죠.

그냥 피하려고 합니다. 아내나 남편과 함께 의논하는 것을 힘들어하고 피하는데요. 이런 분들은 너무 힘들 때 누군가에게 의지하는 것이 익숙하지 않기 때문에 갈등 상황에서는 혼자 있으려고 하는 겁니다. 어떻게 보면 스스로를 보호하기 위한 방어라고도 할 수 있습니다.

이 경우는 어려서 굉장히 부모님들에게 학대를 받고 자란 경우가 많고 아주 흔하다고 볼 수 없기 때문에 오늘은 첫째, 두 번째 부분을 주로 설명드리겠습니다.

대부분의 부부 갈등이 있을 때 아내는 불안해하고 또 남편은 그것을 회피하는 경우가 있습니다만, 힘들 때 서로 분노하거나 혹은 서로 도망을 가서 대화조차 하지 않게 된다면 결혼까지 골인하기 힘듭니다. 그래서 마치 톱니바퀴처럼 이렇게 서로 다른 사람들이 사랑에 빠져 결혼하게 되는 경우가 있습니다.

굉장히 힘든 순간에 불안한 아내는 남편에게 사랑받고 싶고 인정받고 싶어 매달리는데 남편은 그게 너무 부담이 됩니다. 말을 한마디했다간 감당이 안 될 거 같고 비난받을까 봐 도망가게 되는 거죠. 별다른 어려움이 없을 때는 부부관계가 비교적 균형을 유지하다가 어려운 순간에 폭발하게 되는데요, 흔하게는 아이가 아플 때입니다.

너무 힘들고 괴로우니까 아내들은 남편에게 매달리는데 남

편은 자꾸 일이나 사회생활로 도망가는 거죠. 실제 아이가 많이 아픈 경우 부부관계가 나빠질 확률이 높고 이혼율이 높은 걸로 알려져 있습니다.

각자가 '나는 어떤 사람인가? 힘들 때 매달리는 편인가 도망가는 편인가?' 이걸 한번 생각해보시는 게 시작이 되겠습니다. 그래서 남편들은 아내가 뭔가 화를 내거나 마구 분노를 표출할 때 '아 어떤 사랑을 갈구하고 있구나' 이런 것을 좀 알아야 합니다. 또 아내들은 도망가는 남편에게 화를 내는 대신 시간을 주고 본인 속마음을 얘기할 수 있어야 합니다.

기분이 우울하다고 하는 사람에게 "너무 편해서 그렇다", "배가 불렀다"는 식의 비난은 하나도 도움이 되지 않습니다. 내가 어떤 사람인가 나는 힘들 때 남편이나 아내에게 어떻게 말하고 행동하는가와 우리 남편이나 아내는 어떤 사람이가 이런 것을 좀 생각해볼 필요가 있다는 말씀입니다.

사실 나와 배우자에 대해 더 잘 이해하게 되면 서로를 마구 비난하고 공격하는 대신에 좀 더 다가가는 대화를 진행하기 쉬워집니다. 보통은 내가 속마음을 얘기하면 손해볼 거 같으니까

본인도 모르게 화를 내고 공격하게 되는 경우가 많거든요.

남성분들이 특히 감정표현에 어려움을 겪는다는 말씀을 드렸는데요, 슬픔, 기쁨, 분노와 같은 자신의 기분을 잘 알아차리지 못하기 때문에 가까운 아내나 가족들의 기분도 헤아리지 못해 점점 그 간격이 넓어지고 어떤 순간에 오히려 갑자기 무너질 수도 있습니다.

그래서 재차 강조드리자면 우선은 '내 마음이 어떤가? 오늘 내가 기분이 좋은가? 나쁜가?' 이런 걸 잘 살펴보는 것이 중요합니다. 남성분들이 가정 내에서 남편으로서 아버지로서 스스로의 감정이나 가족들의 감정을 잘 돌보지 못했을 때 어떤 어려움이 있는지에 대해 얘기 나눠보면서 가족 안에서 감정을 잘 나누고 서로 이해하는 것의 중요성을 다시 강조드립니다.

또한 부부관계가 좋지 않을 때 가장 피해를 보는 것은 아이들이고요, 아이들이 어릴 때는 당장 문제가 나타나지 않지만 커서 그 상처가 터지게 되는 경우가 많습니다. 가족 안에서는 아이들이 가장 약한 존재입니다. 아이가 게임만 한다, 좀 문제가 있다고 해서 그 가족들과 대화를 나누다 보면 의외로 부부관계에 갈등이 있는 경우도 많고요.

아이들에게 분노감이나 화를 자주 표현하는 분들의 경우 모두 그렇지는 않지만 본인들 스스로도 성장하면서 부모님들께 어떤 따뜻한 돌봄을 받지 못한 경우가 많습니다. 어떻게 보면 아이를 키우는 방식 가족 내에서 서로 의사소통을 하는 것은 세대를 거쳐 그대로 전해진다, 이렇게 볼 수 있습니다.

아마 어린아이를 키우는 부모님들이라면 고개를 끄떡이고 계시지 않을까 싶은데요. 상식적으로는 아이가 태어나면 가족이 더 완성되는 거 같고 주위에서 다 축하를 해주니까 굉장히 행복할 것 같지만요, 부부 중심의 생활에서 아이 중심의 생활로 바뀌면서 남편은 남편대로 아내는 아내대로 굉장한 스트레스를 받습니다.

과거와 달리 요즘 같은 핵가족 시대에는 도와주는 부모님들이나 친척들도 많지 않고 오롯이 부부가 감당해야 하는 경우가 꽤 늘었습니다. 그때 서로가 내뱉은 말들은 평생 상처로 남게 되는데요, 아이가 성장하는 데도 굉장히 좋지 않은 영향을 미치게 됩니다.

어린아이들을 돌보는 것은 정말 쉽지가 않고 엄청난 에너

지가 필요한 일인데요, 아무리 아이가 예뻐도 지치는 일입니다. 농담으로 잠자고 있을 때가 제일 예쁘다, 이렇게 말하는 분들도 많으시죠. 좋았던 부부관계가 이 시기에 갈등을 많이 겪게 되기도 하고 특히나 아이가 아픈 경우 부부관계가 돈독해지기보다 갈등이 심화되는 경우가 훨씬 흔합니다.

보통 어머니는 아이에게 지나치게 관심을 집중하게 되고 아버지는 아내의 예민한 모습을 감당하기 힘드니까 일만 더 열심히 하게 되거나 술자리가 잦아지게 되는 거죠. 한 예로 남편이 라면을 끓여달라고 했는데요, 아이를 돌보느라 지친 아내가 잘 끓이지 못했습니다. 남편은 라면 하나 제대로 못 끓인다고 화를 내게 되고요. 그 말을 듣고 마음이 상한 아내는 그러는 당신은 할 줄 아는 게 뭐냐고 공격하게 되죠. 굉장히 사소한 일이잖아요.

라면 끓이는 것, 마트 가서 장볼 때 '내가 좋아하는 육포를 사느냐? 아이가 좋아하는 과일을 사느냐?' 하는 것. 듣는 사람들에게는 뭐 그런 사소한 걸로 갈등이 생기냐 하시겠지만 실제로 아주 사소한 것들로 싸움이 시작되고 서로에게 상처를 주고받기 시작합니다.

사실 가족들 간에 왜 싸웠는지 기억도 안 날 정도로 아주 사소한 일이 갈등의 원인이 될 때가 많습니다. 이렇게 서로 상처 주는 말을 주고받을 때, 아이들이 곁에 있다면 아내와 남편이 주고받는 상처와 비교하지 못할 정도로 아이들도 상처를 받게 됩니다.

부부싸움 끝에 어머니가 아이에게 화풀이를 하며 "너는 어떻게 네 아빠랑 똑같니" 이런 말을 내뱉을 때가 있는데요, 사실 진심은 아니잖아요. 엄마는 그냥 한 말이라 나중에 기억을 못하는 경우가 많은데 아이는 성장하면서 그 말이 가슴에 상처로 남아 있는 경우가 많습니다. 남성들이 특히나 감정을 다루는데 더 서투르긴 하지만 남녀 할 것 없이 우리 스스로 감정을 잘 헤아리지 못하면 그것이 내 가족, 내 자녀에게 계속 연결이 된다, 이 점을 꼭 강조드리고 싶습니다.

나도 나를 잘 모른다

22

블랭킷 증후군

고립과 고독, 그리고 휴대폰

"무인도에 딱 한 가지 물건만 가져갈 수 있다면 뭘 가져가시겠어요?"

저는 이런 종류의 질문을 주위 사람들에게 물어보는 것을 좋아합니다. 호기심 어린 눈빛으로 질문을 던지는 제게, 약간 당황하면서 상대방은 대답합니다.

"아, 그야 역시 휴대전화기겠죠? 아참, 그런데 거기 와이파이는 될까요?"

정말 휴대전화기는 이제 우리의 일상에서 도저히 떼려야 뗄 수 없는 존재가 되어버린 걸까요?

과거에는 지도를 펴서 처음으로 낯선 곳을 찾아가고, 미지의 나라로 여행을 떠나는 나름의 긴장과 묘미가 있었습니다. 그런데 지금은 휴대전화기로 길 찾기만 누르면 세계 어디서나 지도가 필요 없게 되었습니다. 반대로 이제 휴대전화기 없이는 어디든 가기가 두려워진 세상이 되었습니다.

길거리를 걷다 보면 마치 좀비처럼 고개를 푹 숙이고 휴대전화기를 바라보며 걷는 사람들 통에 멀쩡히 걷다가도 부딪히기 일쑤입니다. 지하철을 타고, 버스를 타는 중에도 창밖이나 시야에 무언가를 여유롭게 바라보는 사람들은 이제 거의 없고 모두 이것만 들여다봅니다. 그래서인지 지하철이나 버스 안의 광고가 재빠르게 사라져 갔고, 목 디스크 환자들이 큰 폭으로

블랭킷 증후군

아이들이 젖서리에서 담요같이 소중한 것이 옆에 없으면 마음이 불안해지는 의존 증상을 의미하며, 현대인들에게 핸드폰이 이러한 증상의 대표적 물건으로 제시되고 있다.

늘었다는 소식들이 신문 한구석에 간간히 실립니다.

여기서 관찰해 볼 수 있는 뇌에 대한 한 가지 현상으로 청킹chunking이 있습니다. 마음속으로 기억 정보에 표식을 내거나 같은 부류로 기억하는 방식, 즉 뇌의 활동이 기계적으로 변화하는 과정을 뜻하는 말입니다. 습관이 형성이 되기 시작하면 의례적으로 반복되는 뇌 회로가 생기게 되는데요, 신경과 신경이 연결되는 것이죠. 가끔 TV 프로그램에 장인들이 어렵고 기이한 동작들을 너무 쉽고 재빠르게 하는 것을 볼 수 있는데, 반복된 연습을 통해 뇌 회로가 만들어져서 그런 것입니다.

이러한 것은 우리의 행동을 매우 효율적으로 해주는 효과도 있지만, 쉬는 날마다 누워서 TV를 본다든지, TV를 볼 때는 꼭 기름진 음식을 먹는 습관이 있다든지 등의 예처럼, 나쁜 습관이 한번 형성되면 그만큼 고치기 어려운 이유가 되기도 합니다. 먹고 쉬는 습관이 단단한 뇌 회로로 만들어져 다이어트를 많은 사람들이 힘들어하는 것도 같은 맥락입니다.

너무나 유명한 미국의 만화영화 〈피너츠〉에서 주인공 찰리 브라운의 친구 라이너스 반 펠트는 보드랍고 긴 담요를 항상

질질 끌고 다닙니다. 여기서 유래한 블랭킷 증후군은 내 마음의 안정을 위해 필요한 물건에 어린아이가 아닌데도 지나치게 집착하는 현상으로 풀이될 수 있습니다.

정신분석학자인 위니콧Donald Woods Winnicott은 이것을 '이행대상'이라고 불렀는데, 어머니의 사랑을 대신할 만한 물건으로 아이들의 성장기에 자연스럽게 나타나는 현상으로 보기도 했습니다. 아이들이 담요나, 곰돌이 인형을 아주 소중히 생각하고 늘 가지고 다니는 것을 떠올려보시면 이해가 쉬울 겁니다.

성인들에게도 때때로 이런 물건들이 존재하기도 합니다. 사랑하는 사람을 떠올리게 하는 소중한 기념품, 이민이나 여행을 가서 가족이나 고국을 떠올리게 하는 물건, 특히 음식은 그것과 연관된 장소, 함께했던 사람들, 여러 가지 감정과 향기, 느낌 등은 기억을 한꺼번에 떠올려주는 요소이기도 합니다.

그런데 이제는 그 모든 것을 휴대전화기가 싹 다 대체해버렸습니다. 내가 자유롭게 검색하고 선택해서 정보를 찾는다고 우리는 '착각'하고 있지만, 이미 검색창에서 내게 추천으로 보여지는 것들은 빅 데이터 알고리즘을 이용해 내 취향을 분석

해서 오랫동안 폰 속에서 벗어나지 못하게 하는 족쇄일 수 있습니다.

유명한 석학인 유발 하라리Yuval Noah Harari도 저서인 《호모데우스》에서 그런 것들을 경고하기도 했습니다. 나는 기억하지 못하는 부분을 이미 검색창에서는 내가 언제 무엇을 주문했고, 어떤 영상을 보다가 중간에 멈췄으며, 어떤 검색어를 가장 많이 즐겨 보았는지 알고 있습니다. 그것을 이용해서 우리를 손바닥만 한 작은 창에서 눈을 떼지 못하도록 합니다. 우리가 가지고 있는 생각은 점차 좁아지는 터널이 되고, 더 이상 넓은 길로 나아가지 못하게 됩니다.

휴대전화기면 해결되지 않는 것이 없다는 일종의 판타지는 이제 우리의 아이들에까지 손길을 뻗치죠. 밥을 안 먹고 칭얼대는 꼬맹이들에게 이것으로 영상을 틀어주면 거짓말같이 울음을 뚝 그칩니다. 이런 모습은 부모들에게 마치 마약과도 같습니다. '식사시간에는 밥을 먹어야 하고 가족들끼리 대화를 하며 마음을 나누는 거야!'라는 명제가 이미 부모들 자신에게도 굉장히 어색합니다.

어른들끼리도 밥을 먹으면서 서로 폰을 들여다보죠. 다함

께 무언가를 먹는다는 것은 아주 오래전부터 사람들을 묶어주는 좋은 도구였습니다. 음식을 먹는 것은 우리 몸의 미주신경을 자극해서 마음이 편해지는 효과가 있기 때문이죠. 그런데 그 마음이 편해지는 활동이 이제는 누군가와 함께한다는 것과 연결되지 못하고 모든 것이 휴대전화기로 연결되고 있습니다. 재빠르게 검색창을 넘기고, 메시지를 보내고, SNS에 글을 올려도 채워지지 않는 마음의 공허함은 더욱 휴대전화기에 몰두하는 시간만 늘려줄 뿐입니다.

왜냐하면 익숙한 그 방법 외에는 이제 우리 마음에서 떠오르는 게 아무것도 없기 때문입니다. 사람들을 더 연결해주고 자유롭게 만들어줄 줄 알았던 만능 도구인 휴대전화기에 환호하는 사이, 우리는 그것만 계속 쳐다보고 있느라 무인도에서 스스로 고립되어 버릴지도 모르겠습니다.

23

희생양 메커니즘

안전하고자 하는 집단, 반드시 희생되어야 하는 자

"누가 이랬어?"

"책임질 수 있어요?"

회사에서 혹은 가족 간에서 작은 모임에서, 어떤 좋지 않은 일이 생겼을 때 우리는 흔히 이런 말을 듣습니다. 나보다 지위가 높거나 이해관계가 다른 누군가가 이런 말을 하면 우리도 모르게 얼어붙게 되고 "나는 아니에요, 난 책임 없어요." 이렇게 말하고 도망가고 싶은 충동을 느낍니다. 옆에서 웅성웅성하는

소리가 들립니다.

"'A가 이전부터 문제였어. A 때문인 거지…….'"

A에게 책임이 가고 있는 중입니다. 진실의 여부와 상관없이 내 마음은 한결 편해지고 있는 것을 느낍니다.

'일단 난 아니야.'

희생양 메커니즘은 구성원들 안에서 불만이나 갈등의 문제가 보일 때 가장 적은 희생으로 가장 높은 효과를 낼 수 있는 방법을 특정 대상에게 전가하여 문제를 해결하려는 방식으로, 프랑스의 지성인 르네 지라르René Girard가 신화와 설화에 대한 연구를 통해, 인간이 당면한 사회 문제를 푸는 가장 기본적인 방법이 바로 '희생양 메커니즘'이라는 것을 언급했습니다.

우리가 사는 세상은 그 나름의 질서와 규칙들이 있고, 그 안에서 많은 사람들이 서로 어울려 살아가게 됩니다. 때로는

희생양 메커니즘

구성원들이 집합에서 불만이나 갈등의 문제가 보일 때 적은 희생으로 가장 높은 효과를 낼 수 있는 방법을 특정인에게 전가하여 문제를 해결하려는 방식

그 규칙이 위태로울지라도 외줄타기를 하듯 개인들은 헤쳐나갑니다. 그런데 외줄을 타려면 앞이 잘 보이고 다리가 튼튼해야 하는데, 그렇지 못한 사람들은 비틀거리다 '툭' 하고 떨어지기 일쑤입니다.

그 사람들을 어느 누구도 봐주지 않습니다. 특히나 위협을 당할 때는 말입니다. 모두가 건너야 할 외줄이 끊어지기라도 하면 괜히 줄에서 발을 헛디뎌 심하게 줄을 잡아당긴 사람에게 모두의 비난이 집중됩니다.

"이럴 줄 알았지, 평소에도 조심성이 없더라니…… 결국 일이 이 지경이 된 건 다 저 사람 때문이지."

누군가가 벌어진 일에 비하면 심하게 사람들에게 비난받고 있다면, 우리 마음속에 '희생양 찾기가 벌써 시작된 것이 아닌가?' 하고 우리는 질문해야 합니다.

고대부터 많은 철학자들이 정의란 무엇인가에 관심을 가져왔고 많은 사상들이 나와 있습니다. 그중 저는 존 롤스John Rawls의 《정의론》에서 소개된 '무지의 베일'이 꽤나 설득력이 있다고 생각했습니다. 모두가 무지의 베일을 쓰고 있다고 생각하고

규칙을 만들면, 누구에게나 공평하게 수긍할 수 있다고 본 것이죠.

여기서 희생양에 관한 예를 하나 들어보겠습니다. 어느 아프리카의 마을에서 밤마다 사자들에게 크나큰 신변의 위협을 당하고 있다고 합니다.

'사자로부터 위협을 당하고 있고, 이대로 가면 마을 사람들이 모조리 다 죽임을 당할 수 있다.'

마을 사람들은 점차 불안해지고, 누군가는 목숨을 걸고 나서서 사자를 물리쳐야 한다고 생각합니다. 누군가 분위기를 만들어 영웅이 나타나고, 나머지 사람들은 열심히 응원하고, 또한 그들을 위해 충분한 경제적 보상과 권력을 선뜻 제공할 수 있을 것입니다.

영웅들이 무사히 돌아올 때까지 모두 힘을 합쳐서 응원하고 노래를 부릅니다. 매우 아름다운 광경이죠. 때로는 사자를 잡으려는 순수한 열정을 가진 사람들이 세계를 변화시키기도 합니다. 우리가 흥미롭게 관람하는 할리우드 영화에서의 매우 익숙한 플롯이기도 하고요.

그렇지만 세상은 이런 단순한 플롯으로 흘러가지 않습니

다. 이 '무지의 베일'이 성립을 하려면, 베일을 쓴 모두가 비슷한 생각을 가질 수 있어야 합니다. 그러나 사람은 태어나면서부터 이미 각자가 다른 경험을 하며 이 다른 경험은 우리 뇌의 각기 다른 회로를 구성합니다.

같은 상황에서도 사람들마다 정말로 다르게 느끼고 의외의 생각을 할 수 있다는 것입니다. 제가 심리상담의 치료자라 할지라도 철저하게 '상담을 하러 온 사람에 대해 잘 모른다'로 시작하는 것이 그 이유입니다.

내가 책임을 지게 될 상황에서 도저히 감당이 되지 않을 때, 사람들의 비난이 두려울 때, 현재 상황에서 많은 사람들이 공포감을 느낄 때, 우리는 무의식적으로 그런 유혹을 받습니다. 바로 내 책임에서 빨리 벗어나기. 즉, 특정인의 희생양 만들기에 있습니다.

'누군가 책임을 질 희생양이 필요해!'

우리의 마음속에서 외치는 소리입니다. 그리고 이것은 굉장히 교묘하게 우리를 유혹하죠. 실제로 사람들과 별로 친하지 않고, 다른 사람들과 공유되는 관심사라든지 고향이나 학벌

등, 끈끈한 유대가 없는 사람이 때때로 실수까지 해왔다면 희생양이 되기 너무나 좋은 먹잇감입니다.

이제는 슬쩍, 그 사람의 단점을 현재 상황과 엮어주기만 하면 되는 것입니다. 불안이 목까지 차올랐던 사람들은 이제 희생양을 몰아갈 준비가 단단히 되었습니다. 누군가의 단점이 자꾸만 눈에 보이고 몇몇 지인들과의 대화에서 반복해서 비난받는 사람이 있다면 우리들 머릿속에는 벌써 다음 희생양을 찾아내야만 하는 생각들로 이미 자리하고 있을지도 모릅니다.

24

포모 증후군

인싸(insider)와
아싸(outsider)의 사이에서

바쁜 출근시간. 어쩌다 초등학생들의 등교시간과 맞물리게 되면 층층마다 엘리베이터가 서는 통에, 좁은 공간 안에서 10~20분은 그냥 허비하기 일쑤입니다.

하루는 바글바글한 아이들 틈에 끼어 구석에 서서 멍하니 핸드폰으로 검색창을 슬슬 넘기고 있었습니다. 층을 알리는 경쾌한 소리와 함께 아이들이 우르르 내립니다. 모세의 기적같이 우르르 빠져나가는 인파에 저도 모르게 따라서 내려 걸어가다

보니 '아뿔싸' 그곳은 제가 내려야 할 주차장이 아니라 초등학교 쪽으로 가는 인도입니다. 순간순간 의사결정을 해야 하는 전두엽을 폰에다 두고 온 저는 본능에 이끌려 그만 다른 층에 내리고 만 것이죠!

다들 이런 경험을 해보셨을 겁니다. 텅텅 비어 있는 식당보다는 사람들이 줄서 있는 음식점의 요리가 왠지 맛있을 거 같고, 나는 필요 없다고 생각한 물건을 모두가 들고 있다면, 한 바이오 기업에서 신약을 개발했는데 누구누구가 샀다고 하더라며 주위 모든 사람들이 관심을 가지면 나도 모르게 귀가 솔깃해지죠.

집값은 지금 버블이야, 곧 내려갈 텐데 뭐! 전세로 조금 더 기회를 보자라고 생각했다가도 모두가 영끌 로

포모(fear of missing out) 증후군

다른 사람들과 달리 유독 자신만이 세상의 흐름을 놓치고 있거나, 신체나 무리에서 이탈되어 자기만 혼자 고립되고 있다는 두려움이 발생되는 현상으로 현대사회 현실과 관련된 다양한 연구와 논문의 주제로 사용되고 있다.

대출받아 집장만을 한다는 말을 들으면 '아직 집이 없는데 괜찮나?' 하는 불안이 마음속에서 스멀스멀 올라오게 됩니다. 왠지 자신이 인싸insider와 아싸outsider의 경계선 위에 서 있는데 빨리 인사이드 쪽으로 넘어오지 않으면 끝이 보이지 않는 아웃사이드 밑바닥 쪽으로 떨어질 것 같은 불안한 마음이 자꾸 생깁니다.

사람은 사회적 동물이기 때문이 이런 현상은 어떤 면에서는 아주 자연스럽고 우리 유전자에 새겨져 있는 부분일지도 모르겠습니다. 동물생태계를 다룬 다큐멘터리에서도 흔히 볼 수 있듯 포식자에게 잡히는 동물들은 무리에서 빠져나와 혼자 고립된 경우입니다. 아주 오래전부터 무리에 속하지 못하고 독립적으로 행동하다 보면 피해를 보는 경우가 많았을 것이고 그런 경우 일찍 사망해서 자신의 유전자를 남기지 못했을 것입니다 우리는 무리 생활을 해서 잘 살아온 사람들의 자손일 가능성이 높은 것입니다!

그런데 무리에 끼지 못해서 느끼는 불안이 너무 과도해지는 경우도 있습니다. 이것이 사회 현상으로 자리 잡아 포모fera

of missing out 증후군으로 불리고 있는데요, 세상의 흐름에서 자신만 소외됐거나 고립됐다고 느끼는 공포감을 말합니다. 그 소외감과 공포감은 인터넷망으로 연결된 SNS를 통해 급속히 퍼집니다. 발 없는 말이 천리를 간다는 옛 속담이 지금은 기정사실인 것이죠. 우리는 지금 지구 반대편에 있는 친구와 시간 차를 무시하고 메시지를 나눌 수 있는 세상에 살고 있습니다.

불과 30년 전만 해도 내가 소외감을 느끼거나 고립감을 느끼려면 시간 차가 필요했습니다. 누군가를 만나서 좋지 않은 소식을 접하고 사람들에게 확인을 해보고 싶더라도 바로 되지 않았죠. 그러는 사이 마음도 가라앉고, 주위 사람들에게 위로를 받으며 생각이 바뀌기도 합니다. 그런데 우리는 지금 모든 소통을 핸드폰으로 합니다. 단체 메시지에서 왕따를 당하고 소외를 당하고 나면 어디서 해결해야 할지 누구라도 극심한 공포를 느끼게 됩니다.

악성 댓글에 상처를 받고 우울증에 시달리는 연예인들처럼 이미 젊은 세대들에서는 인터넷 공간에서의 소외감이 불러오는 폐해가 적지 않습니다. 청소년들이나 젊은이들 사이의 인터

넷 공간에서의 소외, 고립, 폭력에 익숙하지 않은 기성세대들은 이렇게 말합니다.

"어디 맞아서 상처가 난 것도 아닌데 그게 무슨 폭력이야, 이제 적당이 좀 화해하지!"

A는 친구들과 해외여행을 갔다가 B가 자신의 험담을 했다는 것을 알게 되었습니다. 너무 화가 난 A는 해외에서 바로 B에게 메시지를 보냈습니다. 서로 얼굴을 보지 못한 상태에서 흥분해서 주고받은 메시지는 결국 각자에게 상처로 남아 매우 친했던 둘은 그만 사이가 회복되지 못할 만큼 멀어지고 말았습니다.

만약 우리에게 문명의 이기인 이 핸드폰이 없었다면, A는 먼 해외에서 그런 얘기를 들었더라도 바로 B에게 물어보지 못했을 것이고 한참 시간이 지난 다음에 만나서 말하다 보면 아무것도 아닌 일이 돼서 서로 오해가 풀렸을지 모릅니다. 느긋함을 즐기지 못하고 천천히 가는 속도를 계속 무시하다 보면, 우리 스스로도 포모 증후군의 경계선 위에서 결코 자유로울 수 없을 것입니다.

우리는 지금 모든 소통을 핸드폰으로 합니다.
단체 메시지에서 왕따를 당하고 소외를 당하고 나면
어디서 해결해야 할지
누구라도 극심한 공포를 느끼게 됩니다.

25

피그말리온 효과

바라는 대로 이루어져라

아이가 학교에서 심은 토마토 화분을 가져왔습니다. 볼품없이 초라한 작은 화분에 가냘픈 작은 잎사귀 하나만 얼굴을 삐죽 내밀고 있습니다. '저기서 토마토가 자랄까?' 하는 생각에 저는 한동안 잊고 있었습니다. 그런데 오가다 보니 아이는 작은 시럽 통을 전용 물통 삼아 정말 부지런히도 아침, 저녁으로 물을 주며 보살피고 있는 겁니다.

그러던 어느 날 문득 토마토 화분을 보니 키가 훌쩍 자라서

작은 토마토가 열리고 있었습니다. 결국 그해 봄에는 여러 개의 토마토를 수확해서 시식까지 맛보는 즐거움을 느꼈습니다. 내담자들에게 선물받은 화분 중 난이도가 높은 난이나 꽃은 말할 것도 없고 눈앞에 늘 놓아둔 선인장까지 비쩍 말라 죽여 본 전력이 있는 저로서는 이제는 사람이든 식물이든 부지런한 정성을 쏟아야 하고 사랑을 쏟은 만큼 원하는 대로 이루어진다는 것을 믿고 있습니다.

일종의 피그말리온 효과인데요, 그리스 신화에서 유래한 것입니다. 조각가 피그말리온은 여인상을 조각해서 사람처럼 사랑하게 됩니다. 그 마음에 감동한 아프로디테가 여인상에 생명을 불어넣어줬다는 내용입니다. 어떤 일을 간절히 바라

피그말리온 효과

면 이루어진다는 것인데요, 하버드대 교수 로버트 로젠탈Rpbert Rosenthal은 이와 비슷한 실험을 실제로 진행했습니다. 한 초등학교에서 무작위로 20%의 학생들을 뽑아 그 명단을 선생님에게 주면서 IQ가 높은 학생들이라고 말한 거죠. 선생님은 명단에 있던 학생들이 더 좋은 성과를 보일 것으로 기대했을 텐데요, 놀랍게도 8개월 후 명단에 오른 학생들이 다른 학생들보다 평균 점수가 높았다고 합니다.

선생님들의 기대가 무의식적으로 학생들에게 전달되어 아이들 역시 그 기대에 부응하기 위해 노력한 결과라고 할 수 있습니다. 간절히 무엇인가를 바라는 것은 강한 에너지를 가지고 있는데요, 권위를 가지고 있거나 든든한 지지자인 부모나 선생님이 주는 무언의 메시지는 놀라운 효과를 발휘하게 됩니다. 누군가가 나에게 기대하고 있다, 나를 있는 그대로 믿어준다는 느낌은 말 그대로 무언의 '느낌'으로 전달됩니다. 그 순간에 사람은 이해받고 있다고 느끼면서 변화에 대한 강한 동기부여를 가지게 되는 거죠.

누군가의 마음이 전달되고 연결되어 있다는 것을 정신과

의사 대니얼 스턴Daniel N Stern은 감정조율이라고 했는데요, 마치 오케스트라에서 화음을 맞춰서 연주하듯이 우리 감정도 서로 연결이 된다는 것입니다. 이 상태에서는 두 사람의 뇌파도 비슷하게 일치가 된다고 하네요! 부모님 혹은 선생님, 나를 아껴주는 누군가로부터의 신뢰나 기대는 내 스스로에 대한 자신감으로 연결이 되는 겁니다. 반대로 "네가 그러면 그렇지, 정말 할 수 있겠어?", "이럴 줄 알았지" 등의 무시하는 말이나 기대하지 않는 표정이나 태도는 사람을 위축되게 만들고 자신감을 잃게 합니다.

종종 중요한 사람으로부터 받은 무시와 비난은 우리 뇌에 강한 자국을 남기게 되는데요, 깊은 뿌리를 내린 낮은 자존감은 '나는 무능해, 항상 부족하지'라는 자기 비난과 '세상은 냉혹해, 내가 감당하기 힘들어'라는 부정적 세계관을 만들어냅니다. 종종 대인관계의 어려움이나 마음의 상처가 있는 분들과 면담을 하다 그 기억을 따라가다 보면 매우 오래전의 부정적 기억으로 연결되는 경우가 많은데요, 이것을 다른 기억들에 영향을 미치는 중요한 기억이라고 해서 트라우마 치료로 유명한 프랜신 샤피로Francine Shapiro는 '시금석 기억'이라고 부르기도

했습니다. 깊은 상처가 된 기억 하나에 시간이 지나면서 살이 덧붙여져 '나는 못난 사람이야'라는 인식이 심어지도 하고, 누군가에게 인정을 받은 좋은 기억이 뿌리가 되어 '나는 뭐든 해낼 수 있어'라는 자신감이 자라나기도 하는 겁니다.

토마토 잎사귀가 물이 모자랐을 때는 어제보다 기운이 없고 고개가 꺾인 것을, 잎사귀 위로 사람의 시선을 피해 정지했다 곧이어 꿈틀거리기 시작하는 점보다도 작은 진딧물을, 정성이나 관심이라는 렌즈가 없다면 결코 볼 수 없습니다. 알아차린 후에는 어떻게 할까요? 그날에 꼭 필요한 만큼의 물을 충분히 주고 벌레를 잡아주고 제대로 성장하게 충분히 도울 수 있는 겁니다. 이 모든 것을 '간절한 바람' 혹은 '기대'라고 표현할 수 있습니다. '바람'이나 '기대'라는 추상적 단어에는 대상에게 제공되는 많은 정성과 감정적 소통 그로 인해 나타나는 잘하고자 하는 의지 등이 모두 담겨 있다고 할 수 있습니다.

그런데 간혹 피그말리온 효과를 설명하다 보면 이렇게 묻는 분들이 계십니다. "제가 우리 아이에게 얼마나 '기대'가 큰 줄 아세요? 어릴 때는 명문대에 갈 거라고 기대하고 그렇게 똑

똑했건만…… 지금은 정신과치료를 한다니 친척들에게도 말을 못하고 있어요. 지금도 툭툭 털고 일어서서 빨리 좋아지기를 기대하고 있어요!"라고 말입니다.

그런데 우리가 피그말리온 효과에서 놓쳐서는 안 되는 것은 그 사람을 있는 그대로 바라보고 도와주고 희망을 준다는 것이지, 당장 무리한 것을 기대하며 '요구'하는 것이 아니라는 점입니다. 피그말리온 효과를 오해해서 그 사람의 욕구와 속도를 무시하고 과도한 기대를 강요하는 일은 없어야겠죠. 토마토 나무에게 열매를 간절히 바란다고 커다란 수박이 열리지 않는 것처럼요!

26

미소포니아

제발 조용히 좀 해주세요!

병원 안, 환자들이 입원하여 있는 병동은 매일매일이 정말 숨 가쁘게 돌아갑니다. 우울하고, 잠을 잘 이루지 못하고, 마음 속 갈등으로 하루에도 몇 번씩 감정이 파도처럼 출렁이기 일쑤인 정신건강의학과 입원환자들을 돌보는 일은 녹록치 않습니다. 매일 마주하는 정신건강의학과 병동의 단면입니다. 그날도 병동의 치료진 선생님과 입원 환자분을 어떻게 치료하고 도와줄 수 있을지 대화를 주고받던 중이었습니다.

코로나19 유행으로 인해 서로 마스크를 쓰고 눈을 마주보고 여러 치료적 방법들을 의논하고 있던 찰나 저와 대화를 나누던 선생님이 깊은 한숨을 쉬며 갑자기 고개를 돌리더니 말합니다.

“여사님, 저희가 의논 중인데 조금만 있다가 하시면 안 될까요?”

같이 돌아보니 청소여사님이 간호사실 한구석에서 열심히 분리수거를 하시는 중입니다. 치료진들이 토의하는 시간, 치료 프로그램을 진행하는 시간 등은 당연히 조용하고 아늑한 공간이 확보되어야 하지만, 경우에 따라서는 동시다발적으로 많은 인원이 각자의 일을 처리하다 보니 갑작스런 방송, 전화벨 소리, 어딘가를 긴급하게 수리하는 소리 등의 소음에 간헐적으로 노출되는 것이 굉장히 흔합니다.

미소포니아

특정한 소리에 지나치게 예민하게 반응하는 현상으로 청각과민증이라고도 하며, 특정한 소리가 반복해서 들릴 때 큰 고통을 호소한다고 알려져 있음

그런데 저는 그 순간 부스럭거리는 분리수거 청소 소리를 듣지 못했습니다. 과연 어떤 차이일까요? 그러고 보면 저 또한 병실에서 환자분과 심각한 내용의 면담을 하던 중 갑작스런 안내 방송 소리가 굉장히 거슬렸던 적이 있었던 게 떠오릅니다. 누구든 소음이 그날따라 거슬리고 힘든 날이 있는 것이죠.

남들은 아무렇지 않게 여기는 소음에 굉장히 민감하고 작은 소음에도 굉장히 스트레스를 받아하는 사람들이 있는데요, 바로 청각과민증이라고 불리는 증후군이 있습니다. 원인은 잘 밝혀져 있지 않지만 청각과민증을 가진 사람들은 우울, 불안, 불면 등의 심리적 고통을 매우 크게 느낀다고 하는데요, 닭과 달걀처럼 무엇이 우선인지는 아직 알지 못합니다.

그런데 우리는 직감적으로 누군가 스트레스를 받고 있거나, 우울하고 불안한 경우 소음에 굉장히 예민해진다는 것을 이미 알고 있습니다. 얼마 전 제가 실수로 뭔가를 만지다가 지지직하는 쇠 마찰음이 났습니다. 그러자 곁에 있던 아들이 물었습니다.

“엄마 쇠붙이끼리 마주치는 소리는 정말 듣기 싫은 거 같아

요. 왜 그래요?"

저는 무심결에 대답합니다.

"응! 그런 소리는 원래 거슬리는 법이지."

누구든 날카로운 쇳소리, 공사장에서의 들려오는 둔탁한 소리들, 매끄럽지 않게 지직거리며 나오는 방송소리 들은 사람을 긴장하게 하고 예민하게 만드는데요, 우리의 대뇌는 그러한 저주파 소리에 민감하게 반응하도로 세팅되어 있다고 알려져 있습니다.

아마도 원시시대에서는 포식자들의 울음소리라든지, 바위가 굴러 떨어지는 소리 등 대부분의 저주파 소리들이 위험하고 당장 도망가야 하는 상황과 밀접한 연관이 있어서 그런 듯합니다. 현대사회는 어느 정도 위험이 통제가 되는 까닭에 간간히 자동차 소리, 공사 소음이 들려오더라도 우리는 당장의 위협이 아니라는 것을 판단하며 그 소리를 의식적으로 무시하고 사람의 목소리에 더 귀를 기울이는 것이 가능합니다.

사람의 목소리는 불쾌한 소음에 비교하면 고주파에 해당이 돼서 우리의 중이가 좀 더 수축해야 집중할 수 있다고 알려져

있습니다. 여기서 우리는 해답을 찾을 수 있는데요, 우리가 마음이 불안하고 우울하다면, 최근의 여러 일들로 스트레스를 받고 있다면 귀의 근육이 잘 조절되지 않아 사람의 목소리에 귀를 기울이는 것이 힘들어지는 겁니다. 종종 가족의 정신건강의학과 입원치료를 위해 같이 동행한 보호자들의 경우 극심한 스트레스를 받아 치료진들의 말을 잘 듣지 못하는 경우도 있습니다. 이 또한 심한 불안 반응으로 인한 것으로 볼 수 있습니다.

우울하고 불안해서 몸이 잔뜩 긴장하고 있는 상태면 마치 사자와 호랑이가 숨어 있는 밀림에 있는 것처럼 '지금 들어야 할 소리는 새소리나 사람 목소리가 아니라 포식자들의 으르렁거리는 소리라고!' 하며 우리 뇌가 신호를 보내는 것이죠. 반대로 내 마음이 안정적이고 즐거운 상태라면 시끄러운 장소에서 상대가 아무리 속삭이면서 말하더라도 찰떡같이 알아들을 수 있습니다. 쉬운 예로 사랑에 빠진 남녀를 들 수 있는데요, 여러분도 좋아하는 누군가와 대화를 할 때 아무리 소음이 심해도 그 사람의 말만은 귀에 쏙쏙 들어오는 경험을 해보셨을 터입니다.

오늘따라 유난히 상대의 말이 잘 들리지 않는다면, 내 몸이

최근에 너무 긴장하고 있는 상태가 아닌가? 돌아봐야 할 때인지 모릅니다. 지금이라도 소음이 많은 공간에서 벗어나 사람의 음색과 가장 비슷하다고 알려진 첼로 연주를 듣거나, 공원에 앉아 지저귀는 새 소리를 들으며 내 몸과 귀에 휴식을 제공하여야 할 순간입니다.

'인간은 누구나 나이를 먹는다'
절대 피해갈 수 없는 병.

알츠하이머

대한민국 사회가 급격하게 노령화가 진행되고 있는데요, 이제 노인성 치매는 정말 흔한 질병이 된 것 같습니다. 보건복지부 통계에 따르면 우리나라의 치매환자 수는 OECD 국가 치매 환자 증가속도보다 빠른 편으로 알려져 있는데요, 치매는 대표적인 신경퇴행성 질환이기 때문에 대부분 65세 이상 인구에서 발병합니다.

따라서 수명이 늘고 고령인구가 많아질수록 치매가 많아지는 것은 어쩌면 당연한 결과일 수 있습니다. 치매는 다른 질환과 달리 환자 본인의 인간 존엄성도 무너지고 온 가족이 고통을 받는 질환이기 때문에 모두가 관심을 가지는 것이 필요합

니다.

특히 알츠하이머는 치매를 유발하는 가장 흔한 원인 질환으로, 전체 치매 환자의 약 50~80%에서 원인이 됩니다. 알츠하이머병은 대뇌 피질세포가 점점 퇴화되어 기억력과 언어 기능의 장애가 생길 뿐 아니라 시간이 지남에 따라서 판단력과 방향 감각이 상실되고, 성격도 변화되어 결국, 자신 스스로를 돌보는 능력이 상실되는 굉장히 슬픈 병입니다.

인간의 기억장애는 가장 처음에, 그리고 가장 흔하게 나타나는 대표적 증상입니다. 왜냐하면 알츠하이머 초기에 손상되는 뇌의 부위가 기억을 담당하는 해마라고 하는 부분이기 때문입니다. 처음에는 사람이나 사물의 이름을 잘 기억하지 못하거나, 최근에 나누었던 대화의 내용이나 최근에 있었던 일의 내용을 자세히 기억하지 못하는 등 기억장애가 시작됩니다. 반면, 그런 와중에도 옛날 기억은 비교적 잘 유지가 됩니다.

그 이유는 과거의 기억과 최근의 기억들이 저장되는 뇌의 부위가 다르기 때문인데요, 이런 문제 때문에 치매 환자와 같이 살지 않는 가족들은 기억력이 떨어지는 것을 잘 알아채지 못하기도 합니다. 옛날 기억들을 아주 자세하게 기억하기 때문

에 치매가 맞는지 물어보는 가족분들도 계시거든요. 그러다가 병이 진행되면서 옛날 기억도 점차 장애를 보입니다.

또한, 잘 알던 길에서 길을 잃거나 오랫동안 살아온 집을 못 찾기도 합니다. 그리고 복잡한 그림을 따라 그리지 못하고, 운전도 할 수 없게 됩니다. 행동에 문제가 생겨서 평소에 사용하던 물건을 사용하지 못하거나 옷 입기 등의 기본적인 일상생활의 장애를 보입니다. 사람을 잘 알아보지 못하는 증상은 알츠하이머의 후기부터 나타나는데, 알고 지내던 사람을 잘 알아보지 못하게 되고 심해지면 가족과 배우자도 알아보지 못하게 됩니다.

또한 대부분 60세가 넘어 정년퇴직을 하게 되었을 때 사회적 역할을 상실하게 되고 관계를 잘 유지해오던 가족이나 친구, 동년배의 죽음, 외로움, 경제적 곤란, 등의 영향을 끼쳐 우울, 불안, 불면증 등을 유발한다고 볼 수 있습니다.

아무래도 나이가 들면 완벽성, 엄격함, 인색함 등이 평소 젊었을 때보다 더 강화되어 스스로의 물건, 재산 등에 대해 더 집착할 수 있습니다. 물건 등을 계속 확인한다든지, 융통성이 더 없어진다든지, 고집이 더 세어진다는 등의 증상은 여성이나 혼

자 사는 사람에게 더 많습니다.

안타깝게도 현재까지 알츠하이머병을 예방하거나 완치하는 치료제는 없습니다. 그렇지만 약물을 복용함으로써 증상의 진행을 좀 천천히 하도록 하고 동반된 심리문제나 행동을 호전시킬 수 있습니다. 약물을 사용하기에 앞서 알츠하이머 환자를 돌보는데 필요한 많은 치료적 방법들이 있는데요, 몇 가지 방법을 말씀드리겠습니다.

보통은 복잡한 환경에 적응하기 어려워 더욱 많은 문제 행동을 일으키므로, 되도록 안전하고 단순한 환경에서 생활할 수 있도록 환경을 조성하여야 합니다. 새로 이사를 하거나 환경을 바꾸는 것보다 원래 지내던 공간이 더 좋습니다. 일상생활 기능을 고려하여 일과표를 만들고, 일과표에 따라 단순하고 반복적인 생활을 하도록 해야 합니다.

그리고 최근 연구 결과에 의하면 '잠'을 잘 자는 것. 즉, 야간에 깨지 않고 숙면을 취하는 것이 알츠하이머를 예방하는데 매우 중요하다고 밝혀졌는데요, 수면을 취하는 동안에 알츠하이머병의 원인이 되는 독성 물질이 쌓이지 않고 제거되는 효

과가 밝혀졌습니다.

또한 꾸준한 신체 활동이나 운동이 중요한데요, 유전학자인 제러드 카센티Garard Karsenty에 의하면 뼈에서 분비되는 특정 호르몬이 뇌로 들어가서 '세로토닌' 같은 신경전달물질을 만드는 데 관여해서 공간기억과 학습을 촉진시킨다고 합니다.

결국, 우리가 이미 알고 있는 '잘 자고 잘 먹고 충분히 움직여야 한다'가 알츠하이머병의 최고 예방법인 셈이지요!

마지막으로 인간은 누구나 나이를 먹으며, 또한 치매는 어느 누구나 걸릴 수 있는 '질환'이고, 또 어느 정도는 예방이 가능한 몸과 마음의 '병'입니다. 환자와 가족들 간의 끊임없는 유대 관계와 마음의 안정이 치매 극복의 든든한 힘이 됩니다.

참고문헌

- 《간호학대사전》 - 1996. 대한간호학회
- 《감정의치유력》 - 2013. 다이애나 포샤 외, NUN
- 《교육심리학용어사전》 - 2000. 한국교육심리학회
- 《너 이런 심리법칙 알아?(네이버에서 가장 많이 검색한 심리학 키워드100)》 - 2016. 이동귀, 21세기북스
- 《눈물이 나올지도 모르겠습니다만 어쩌면 실마리를 찾을지도》 - 2018. 이즈미야 간지, 레드스톤
- 《느낌의 진화》 - 2019. 안토니오 다마지오, 아르테
- 《느리게 사는 즐거움》 - 2000. 어니j 젤린스키, 물푸레
- 《다미주 이론》 - 2020. 스티븐W.포지스, 위즈덤하우스
- 《닥터 도티의 삶을 바꾸는 마술가게》 - 2016. 제임스 도티, 판미동
- 《리스토어(언택트시대 오프라인기업들의 8가지 진화전략)》 - 2020. 황지영, 인플루엔셜
- 《마음이 답답할 때 꺼내보는 책》 - 2021. 김민경, SISO

《마음의 발달》 – 2018. 대니얼 시겔, 하나의학사

《마음의 오류들》 - 2020. 에릭 캔델, 알에이치코리아

《모원병》 – 2003. 규토쿠 시게모리, 엔북

《바이러스 폭풍의 시대》 – 2020. 네이선 울프, 김영사

《사람은 무엇으로 사는가》 – 2020 레프 톨스토이, 더클래식

《사람을 움직이는 100가지 심리법칙》 - 2011. 정성훈, 케이앤제이

《살아가는데 가장 많이 써먹는 심리학》 - 2020. 지루징, 센시오

《살아있는 DBT》 – 2020. 찰리스 R. 스벤슨, 시그마프레스

《생각에 관한 생각》 - 2012. 대니얼 카너먼, 김영사

《세상에서 가장 재미있는 63가지 심리실험》 - 2018. 이케가야 유지, 사람과나무사이

《우리는 왜 잠을 자야 할까》 - 2019. 매슈 워커, 열린책들

《인문학은 언어에서 태어났다》 - 2014. 강준만, 인물과사상사

《호모 데우스》 – 2017. 유발 하라리, 김영사

《희생양》 - 2007. 르네 지라르, 민음사